1.
2.
3.
4.
5.
6.
7.

rosenheimer raritäten

Barbara und Marlies Müller

ALTE HÄKELSPITZEN

Hundertjährige Muster neu nachgearbeitet

rosenheimer

Inhaltsverzeichnis

und Anregungen zur Verwendung der Spitzen

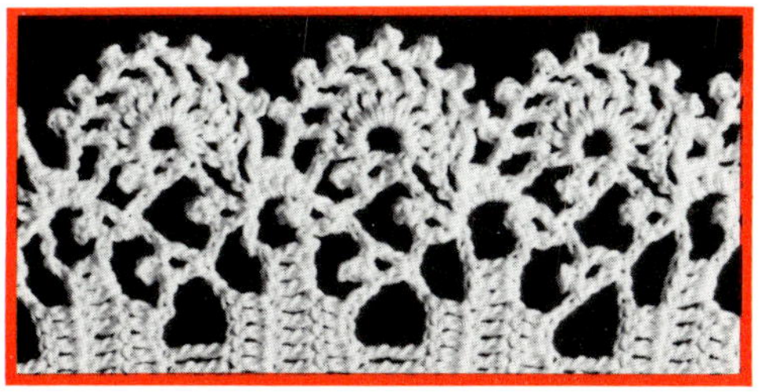

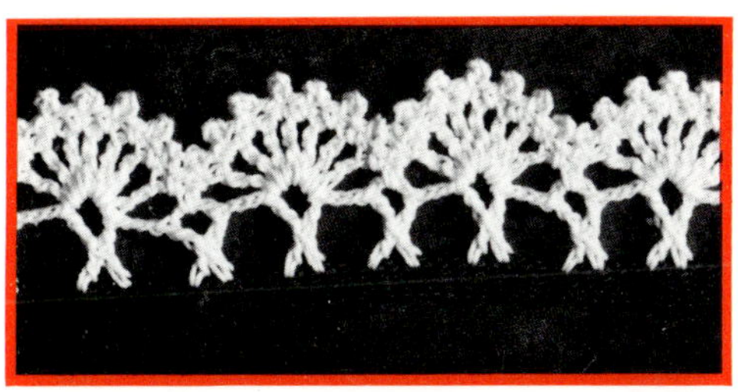

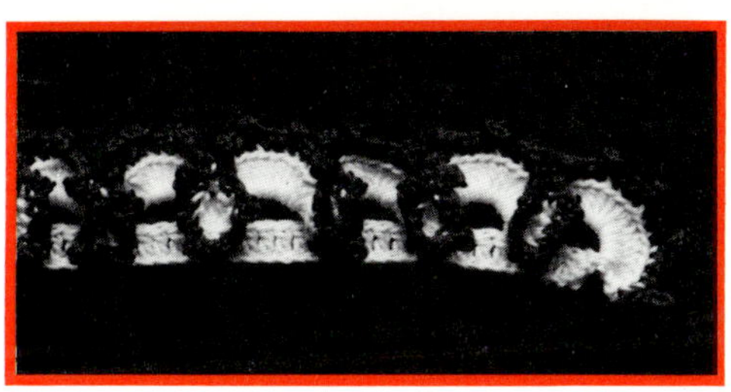

Vorwort

»So ist es denn auch eine ästhetische Freude, einer handarbeitenden Frau zuzusehen . . .« Diesen Satz fand ich in einem alten Anleitungsbuch »Erlernung der Kunst des Häkelns«.

Eine große Kunst scheint mir das Häkeln nicht zu sein. Bloß ein bißchen Geduld und Ausdauer sollte man haben. Da man aber nur eine Häkelnadel und ein Garnknäuel braucht, bleibt die Arbeit immer so handlich, daß man sie gut für Wartezeiten in der Bahn oder beim Arzt mitnehmen kann. Ich habe meine Häkelei stets in der Küche liegen, und wenn ich warten muß, bis irgend etwas kocht oder fertig ist, sind schnell ein paar Reihen gearbeitet.

Die Technik des Häkelns ist noch gar nicht so besonders alt. Sie kam etwa im 16. Jahrhundert in Europa in Mode und wurde vor allem in Nonnenklöstern gepflegt, wo man Meßgewänder und Altardecken verzierte. Langsam fingen auch andere Frauen an, diese Technik zu verwenden. Häkeleien fanden sich an Vorhängen, Tischwäsche und Leibwäsche. Oder gar die berüchtigten Deckchen, die fast überall lagen. Freilich trieb diese Mode auch kuriose Blüten. So fanden wir in einer Modezeitung aus dem vorigen Jahrhundert eine Anleitung für eine gehäkelte »Zacke zur Garnierung von Kaminbehängen«.

Den eigentlichen Anstoß zu diesem Buch gaben uns zwei Bände mit säuberlich eingenähten Häkelspitzenmustern, die meine Großmutter vor etwa hundert Jahren in einem Kindergärtnerinnenseminar gearbeitet hat. Die beiden Bände enthalten 130 besonders feine Arbeiten, säuberlich numeriert, bloß leider ohne jede Anleitung.

Die Muster sind aber so schön, daß wir uns doch an die Arbeit gemacht haben, sie nachzuhäkeln. Nicht alle Muster sind für unsere Zeit noch brauchbar. In einigen sind spezielle Bändchen und Spitzen eingearbeitet, die es heute nicht mehr gibt. Im Laufe unserer Beschäftigung haben wir aus anderen Speichern und Schränken noch weitere Muster erhalten, wofür wir uns an dieser Stelle herzlich bedanken wollen.

So sind es doch wieder 100 Spitzen geworden, von denen wir hoffen, daß Ihnen recht viele gefallen. Die Arbeit an so einer Spitze macht Freude, und wenn sie dann erst eine Tischdecke oder Bluse ziert, erregen Sie bestimmt viel Bewunderung.

Bevor Sie mit der Arbeit beginnen, tun Sie bitte sich und uns einen Gefallen, um Pannen und Rückschläge zu vermeiden: Lesen Sie die folgenden »praktischen Arbeitshinweise« wie auch die »Zeichenerklärung« genau durch.

Dann kann's eigentlich schon losgehen.

Viel Spaß bei der Arbeit!
Barbara und Marlies Müller

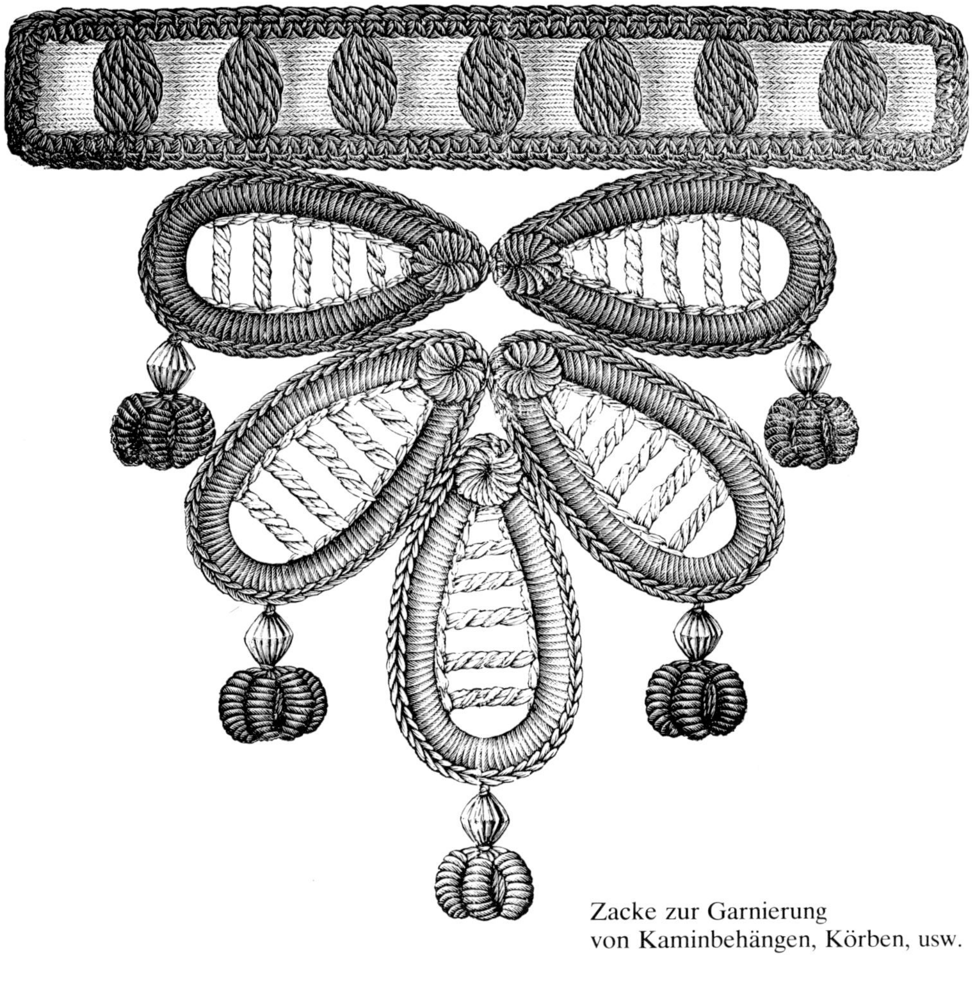

Zacke zur Garnierung
von Kaminbehängen, Körben, usw.

Zeichenerklärung

o = *Luftmasche:* Faden durch die Schlinge holen

v = *feste Masche:* Nadel einstechen, Schlinge durchziehen und beide Schlingen zusammen abmaschen

K = *Kettmasche:* einstechen, Schlinge durchziehen und sofort durch die auf der Nadel liegende Masche ziehen

 = *halbes Stäbchen:* Faden um die Nadel legen, einstechen und die Schlinge durchholen, alle drei Schlingen zusammen abmaschen

 = *Stäbchen:* Faden um die Nadel legen, einstechen, Schlinge durchziehen, dann paarweise abmaschen

 = *doppeltes Stäbchen:* Faden zweimal um die Nadel legen, einstechen, Schlinge durchholen, paarweise abmaschen

 = *dreifaches Stäbchen:* Faden dreimal um die Nadel legen, einstechen, Schlinge durchholen, paarweise abmaschen

 = *Kreuzstäbchen:* Faden zweimal um die Nadel legen, durch die erste Masche der Vorreihe den Faden holen, zwei Schlingen abmaschen, Faden erneut um die Nadel legen und in die dritte Masche der Vorreihe einstechen, Schlinge durchziehen, paarweise abmaschen, 1 Luftmasche, Faden um die Nadel legen und durch den Kreuzpunkt der drei bisher entstandenen Stäbchen holen, paarweise abmaschen

= *Gabelstäbchen:* Faden zweimal um die Nadel legen, Schlinge durchholen, zwei Schlingen abmaschen, Faden wieder um die Nadel legen, in die nächste Masche der Vorreihe einstechen, Schlinge durchziehen und alle Schlingen paarweise abmaschen.

P = *Pikot:* vier Luftmaschen, mit einer festen Masche zurück in die erste der vier Luftmaschen

W = *Wendeluftmasche:* eine Luftmasche zum Wenden der Arbeit

= *Luftmaschen zum Wenden der Arbeit:* zugleich als Stäbchenersatz (für ein normales Stäbchen 3 Luftmaschen, doppeltes Stäbchen 4 Luftmaschen)

↗ = Anfang *und* in dieser Richtung weiter arbeiten

① = Nummern für die einzelnen Arbeitsgänge

↗ = *festmachen:* Schlinge von der Nadel lassen, durch die andere Masche stechen und die Schlinge durchziehen

= *zusammen abgemascht: bei festen Maschen* nur die Schlinge durch die Masche der Vorreihe holen, Vorgang nach Angabe wiederholen, dann alle Schlingen zusammen abmaschen

= *zusammen abgemascht: bei Stäbchen:* jeweils nur ein Schlingenpaar abmaschen, nach Erreichen der nötigen Anzahl von Stäbchen mit dem letzten Stäbchen die Schlinge durch alle anderen Stäbchen ziehen

Praktische Arbeitshinweise

Im Verlauf der Arbeit an diesem Buch haben wir aus gemachten Fehlern viel gelernt. Um Ihnen die Arbeit zu erleichtern, wollen wir unsere Erfahrungen hier weitergeben.

Zum Garn: Wir haben alle Muster in Baumwoll-Cablé-Garn mit Nadeln Nr. 2 bzw. 1,75 gearbeitet, weil man so die einzelnen Maschen besonders gut erkennen kann.

Selbstverständlich können alle Muster in jedem beliebigen Garn gearbeitet werden. Die Nadelstärke richtet sich nach den Angaben auf dem Garn. Grundsätzlich gilt: Je stärker das Garn und je dicker die Nadel, desto größer fällt die Arbeit aus – und umgekehrt. Falls sie sehr locker arbeiten, können Sie die Nadel auch eine halbe bis eine ganze Stärke dünner nehmen, als angegeben ist.

Wolle ist nicht besonders geeignet, da das Maschenbild durch die abstehenden Fasern leicht verschwimmt. Das kann jedoch manchmal auch ein gewünschter Effekt sein.

Hin- und hergehende Reihen: Falls nichts anderes angegeben ist, werden die Spitzen in hin- und hergehenden Reihen gearbeitet. Man wendet also die Arbeit stets wie in der Schrift angegeben und häkelt so lange, bis die Spitze die gewünschte Länge erreicht hat.

In Runden arbeiten: Die Maschenzahl der Grundreihe richtet sich bei diesen Spitzen nach der gewünschten Länge und nach der Maschenzahl, die für den Musterrapport notwendig ist.

Sie sollten auch beachten, daß die Luftmaschenkette beim Behäkeln etwas an Länge einbüßt. Wenn Sie genug Luftmaschen gehäkelt haben, wird die Grundreihe mit einer Kettmasche geschlossen. Dafür müssen alle Maschen ganz glatt liegen, d. h. die Kette darf sich nicht um sich selber drehen, da sich sonst auch die Spitze verdrehen würde.

Man kann Spitzen, die in Runden gearbeitet werden, allerdings auch in offenen Reihen häkeln. Dazu müssen Sie wieder die nötige Anzahl von Grundmaschen arbeiten. Dann wird der Faden abgeschnitten und mit der 2. Reihe vorne neu begonnen usw.
Bei dieser Arbeitsweise müssen nach Fertigstellung der Spitze alle Fäden am Anfang und am Schluß der Arbeit gut und unsichtbar vernäht werden.

Nummern für verschiedene Arbeitsgänge: Wenn eine Spitze aus mehreren Teilen besteht, haben wir die einzelnen Arbeitsgänge mit Nummern versehen. Um die Übersicht zu behalten, sollten Sie jeden einzelnen Arbeitsgang vollständig beenden, bevor Sie mit dem nächsten beginnen.

Spitzen mit Zackenlitzen: Die von uns verwendete Zackenlitze hat eine Breite von zwei Zentimeter. Falls Sie eine schmälere Litze verwenden wollen, muß auch das Garn entsprechend feiner sein. Bei der Spitze von Seite 83 nehmen Sie die Zackenlitze doppelt und verflechten beide Streifen miteinander. Das läßt sich nur mit einer Zackenlitze machen, die besonders steile Zacken hat. Sie sollten das vielleicht beim Kauf ausprobieren.

Über die Menge der benötigten Zackenlitzen lassen sich nur schwer konkrete Angaben machen.

Wir haben die Spitze von Seite 86 um eine runde Decke von 125 Zentimeter Durchmesser gearbeitet und dazu 18 Meter Zackenlitze benötigt. Kaufen Sie also lieber ein paar Meter mehr; Reste finden schon ihre Verwendung.

Spitzen mit Luftmaschenketten: Diese Spitzen waren ursprünglich an feine Bändchen gearbeitet, die man allerdings heute nicht mehr kaufen kann. Daher sind wir auf die Idee gekommen, die Bändchen durch eine Luftmaschenkette zu ersetzen.

Dazu haben wir in einer Kontrastfarbe eine lange Kette gearbeitet, den Faden aber nicht abgeschnitten, sondern mit einer großen Schlaufe hängen lassen. So kann man die Kette ganz nach Bedarf ohne Probleme verlängern.

Beim Behäkeln haben wir in jede zweite Luftmasche dieser Kette eingestochen. Wenn eine Einstichstelle ausgelassen werden muß, so ist das mit x gekennzeichnet.

Spitzen an Borten: Einige Spitzen sind direkt an Borten angearbeitet. Dabei sollten Sie darauf achten, daß sich die Borte beim Behäkeln nicht verzieht. Natürlich kann man diese Spitzen auch gleich an den gewünschten Stoff arbeiten. Er muß dazu aber vorher gesäumt werden.

Eckenbildung: Bei fast allen Spitzen ist es möglich, eine Ecke zu bilden. Drei Arbeitsweisen haben sich dabei als praktisch erwiesen:

1. Man arbeitet ein längeres, gerades Stück der gewünschten Spitze. Damit legt man dann an der Stelle, die am besten aussieht, eine Ecke (siehe Zeichnung 1). Nun befestigt man den hinteren Zipfel mit einer Stecknadel, damit die Ecke gut liegen bleibt. Von diesem Muster kann man die Ecke sozusagen »nach Vorlage« abhäkeln.

2. Man kann eine Ecke auch mit einem randlosen Spiegel anfertigen. Dazu stellt man den Spiegel senkrecht in einem Winkel von 45° so auf ein gerades Stück der Spitze, daß man eine harmonische und gut zu arbeitende Ecke sieht. Nun kann man diese Ecke entweder abzeichnen oder, falls man den Spiegel zum Stehen bringen kann, auch gleich abhäkeln.

3. Diese Methode ist wesentlich einfacher, allerdings auch nicht gerade klassisch. Hierzu arbeiten Sie gerade Stücke Ihrer Spitze in der gewünschten Länge und häkeln dann nachträglich jeweils ein »Fantasiemuster« als Ecke dazwischen (siehe Zeichnung 2). Dabei sollte nach Möglichkeit ein Element aus der Spitze vorkommen.

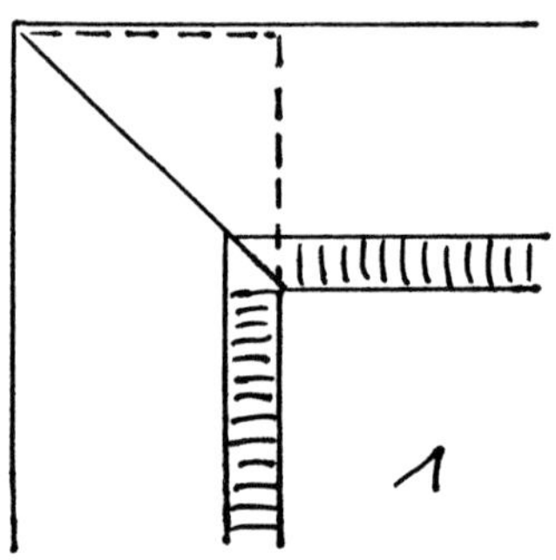

1

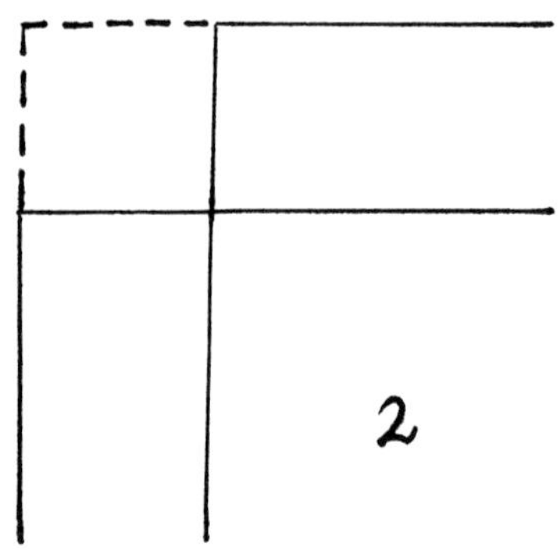

2

Variationen: Selbstverständlich können Sie die Spitzen auch verändern. Ihrer Fantasie sind dabei keine Grenzen gesetzt. Z. B. können Sie den großen Einsatz (Seite 70/71) zu einer Spitze umwandeln, wenn Sie jeweils nach den sieben Randstäbchen des Mittelstreifens wenden. So bekommen Sie statt eines glatten Randes Zacken.

Manche Spitzen, etwa die auf Seite 24 oben, können durch Hinzufügen weiterer Mustersätze beliebig verbreitert werden. Im umgekehrten Fall kann man natürlich auch Endreihen weglassen und so eine schmälere Spitze arbeiten.
Machen Sie getrost einmal Versuche. Wenn etwas schiefgehen sollte, kann man immer noch auftrennen!

Schmale Spitzen

1

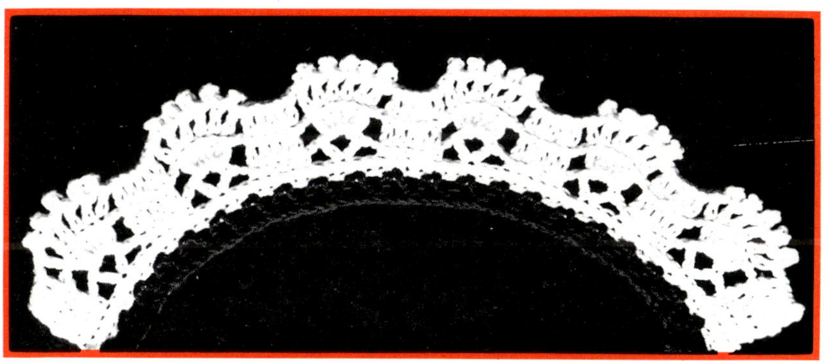

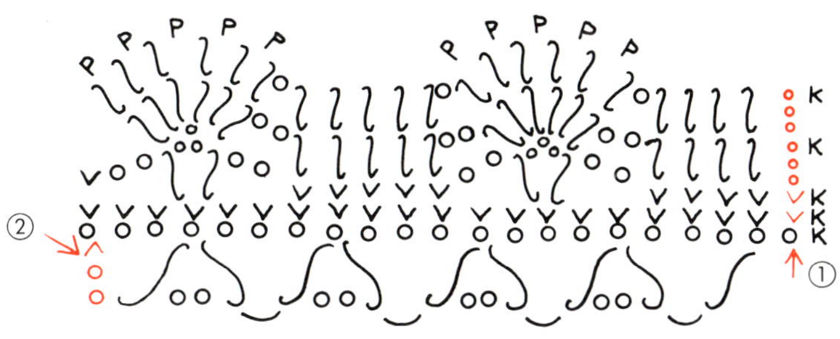

In Runden arbeiten
Rapport = 10 M
Immer ins hintere Maschenglied einstechen

2

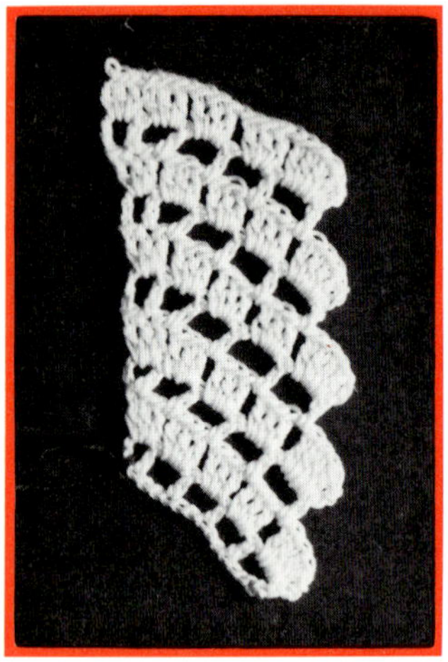

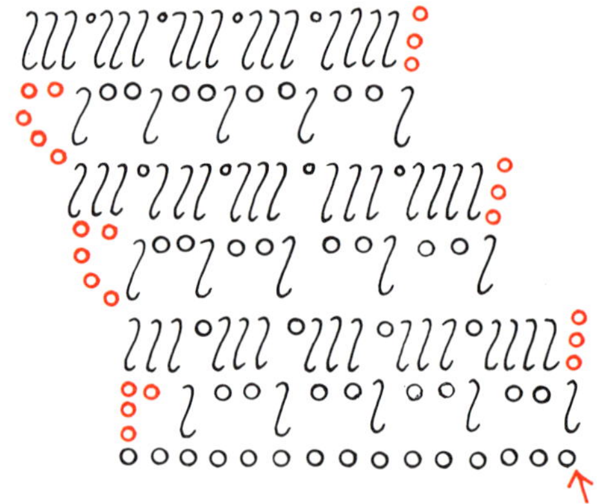

3

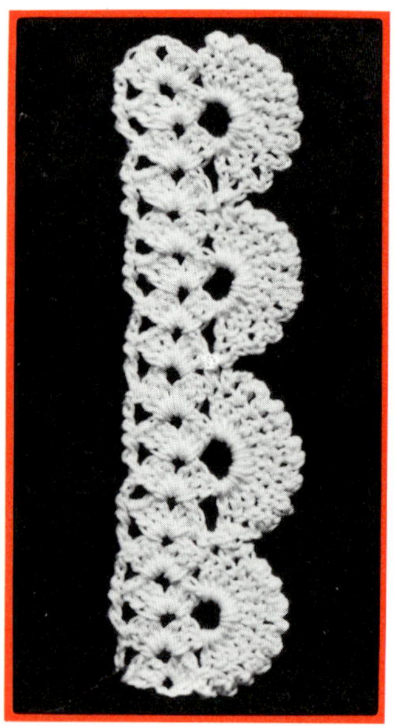

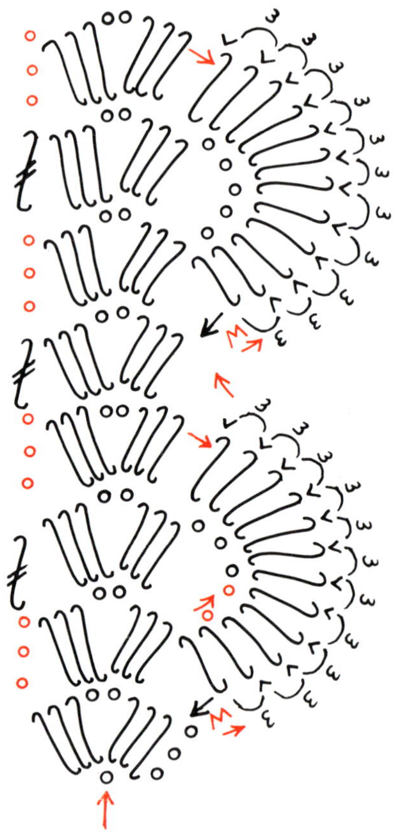

⌒ = 3 Luftmaschen

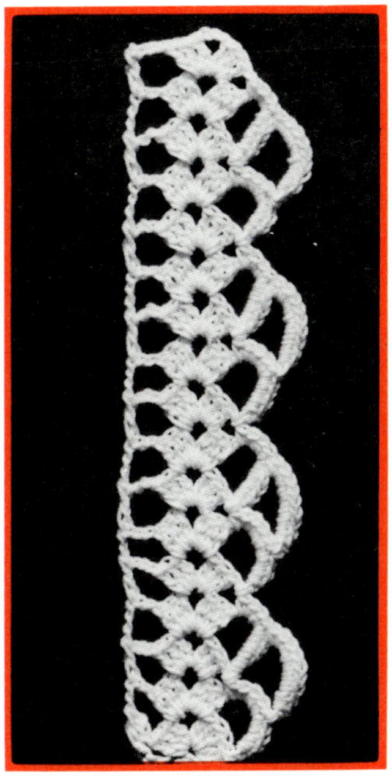

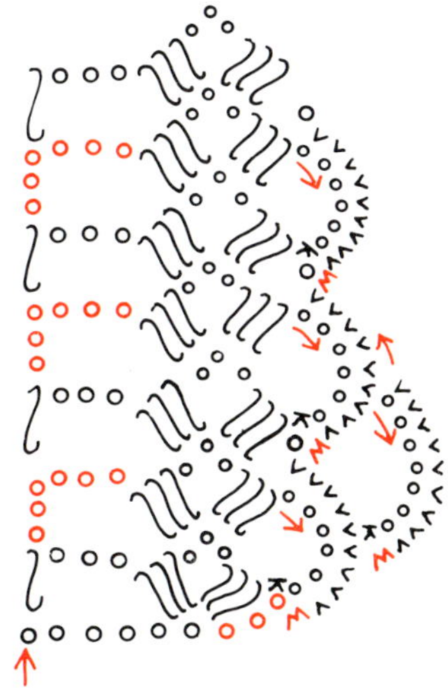

4

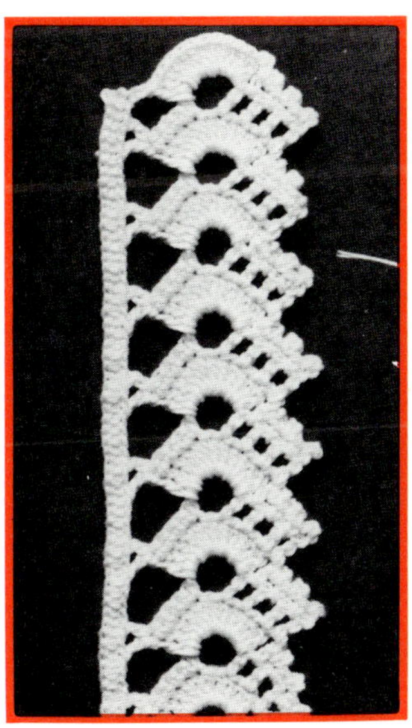

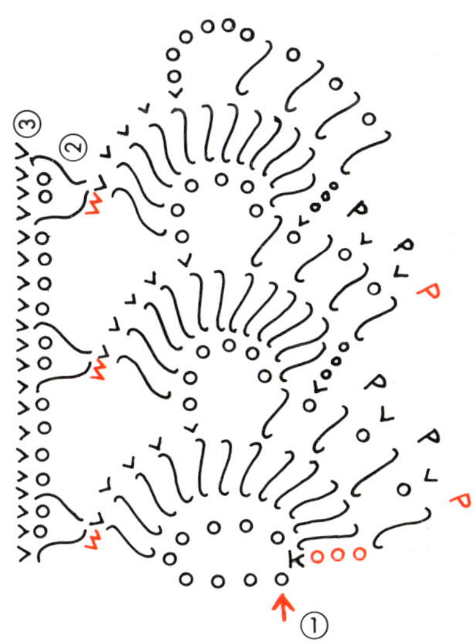

5

Bei Nr. 3 ins hintere Maschenglied einstechen

6

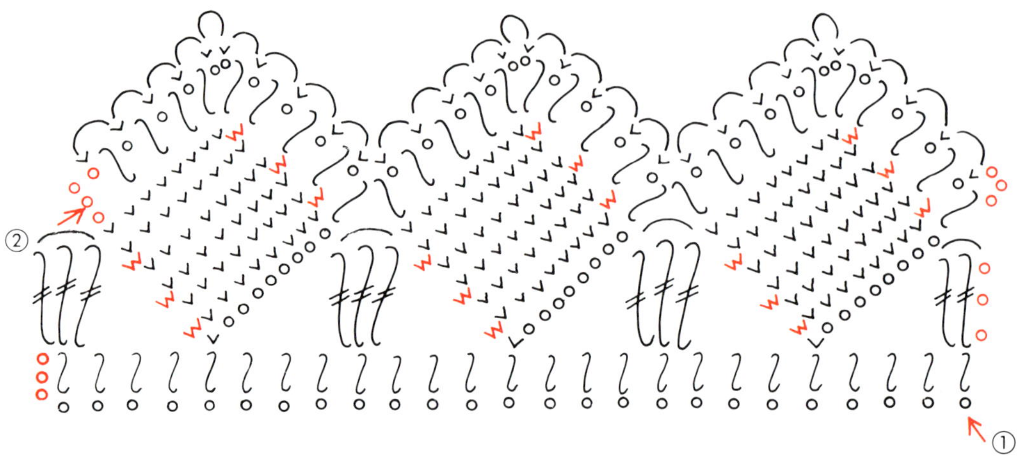

⌒ = 5 Luftmaschen

7

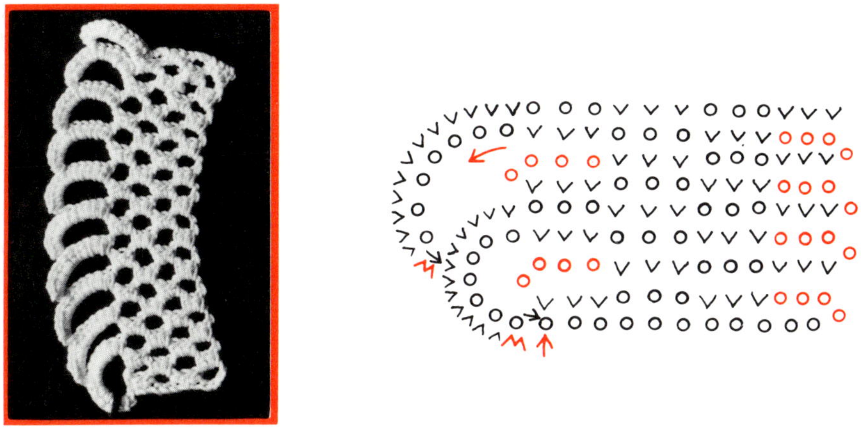

8

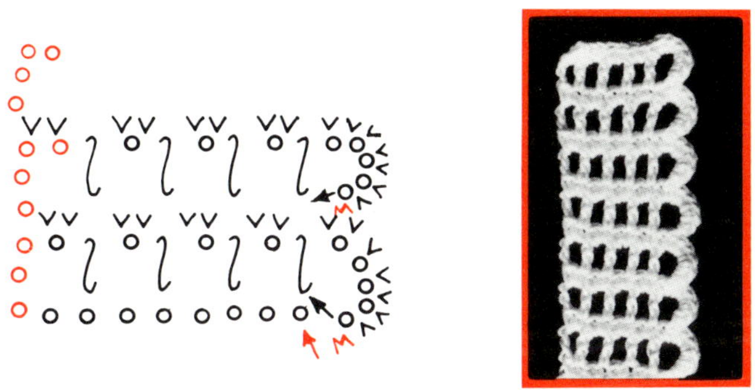

9

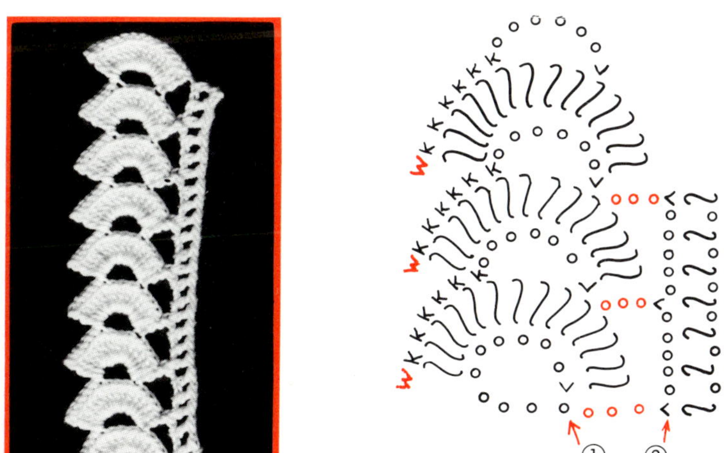

Die Kettmaschen nur ins hintere Maschenglied einstechen

10

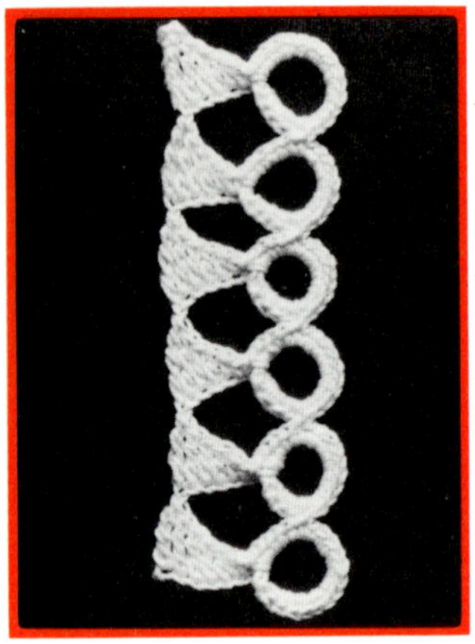

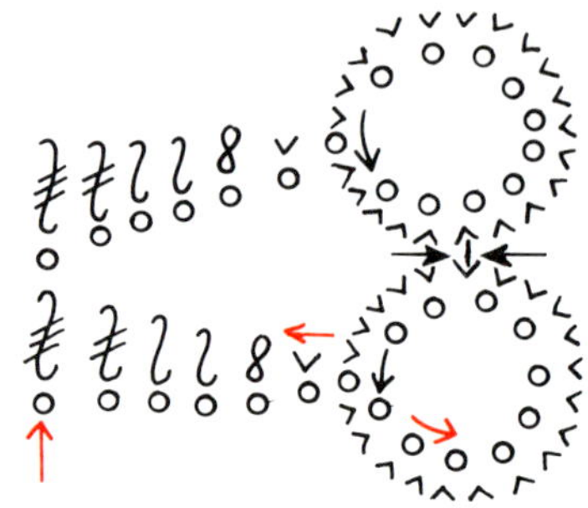

11

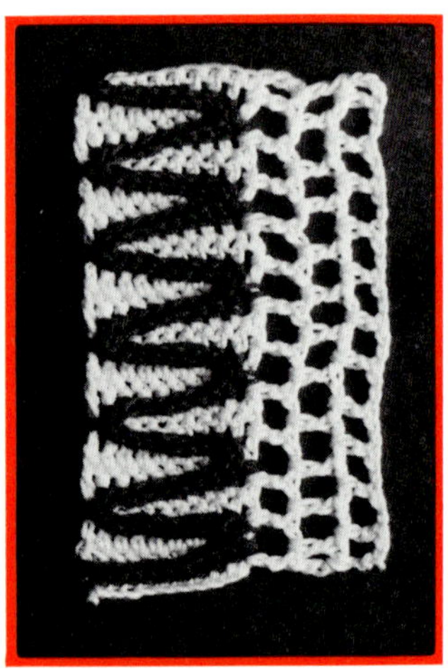

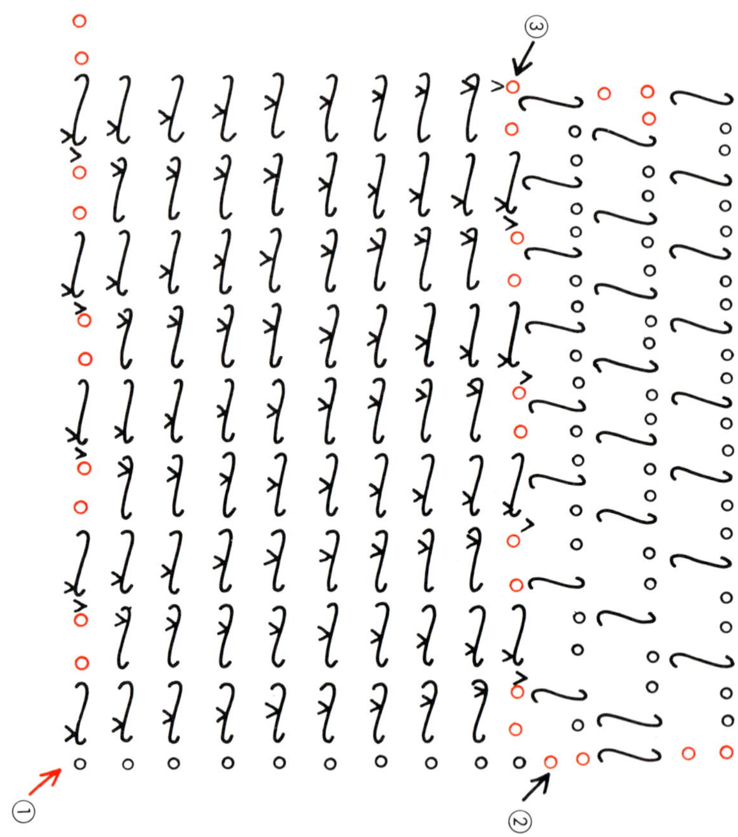

Arbeitsgang 3 in Kontrastfarbe häkeln

12

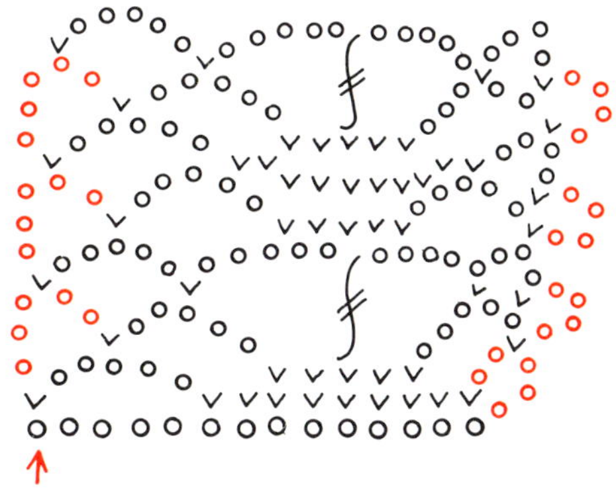

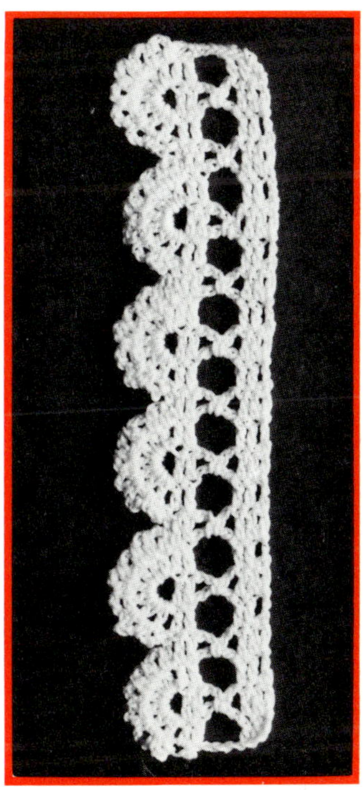

13

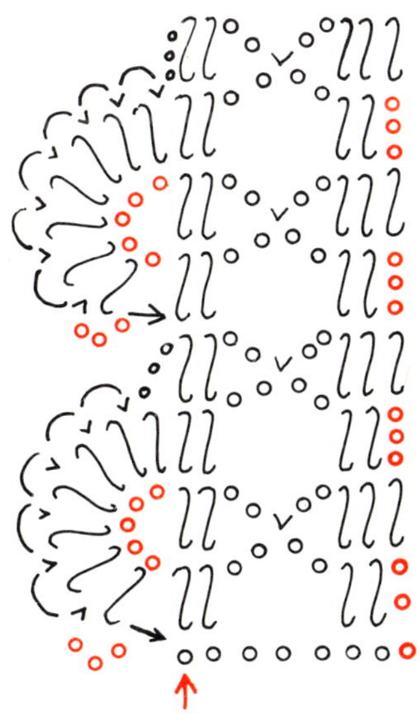

= 3 Luftmaschen

Mittelbreite Spitzen

1

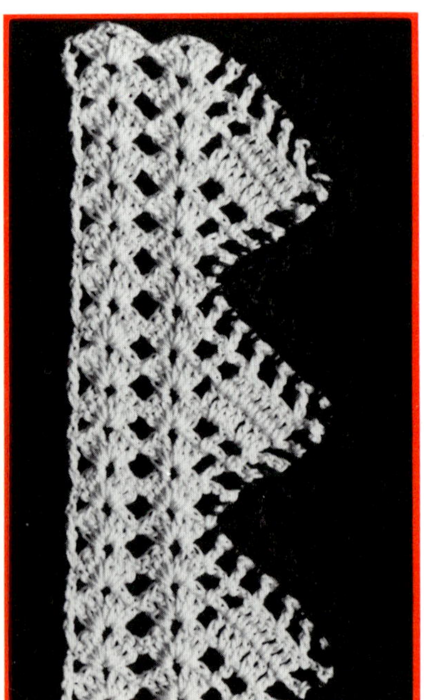

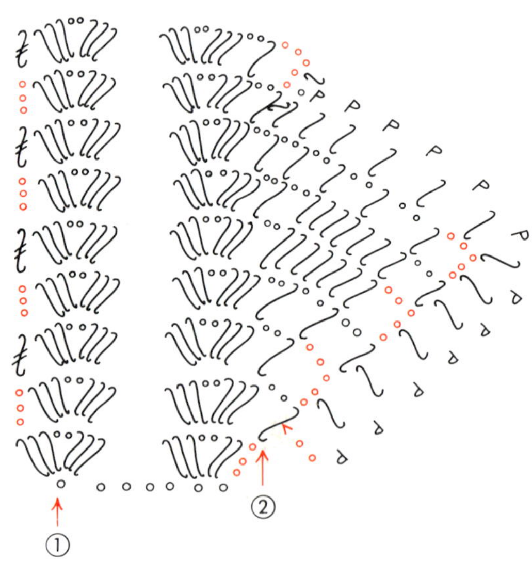

2

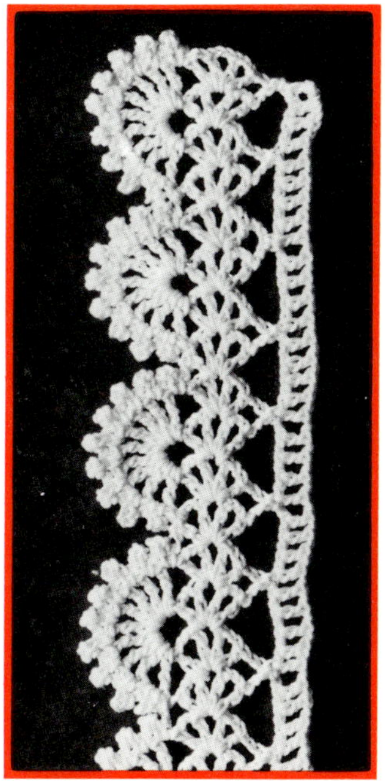

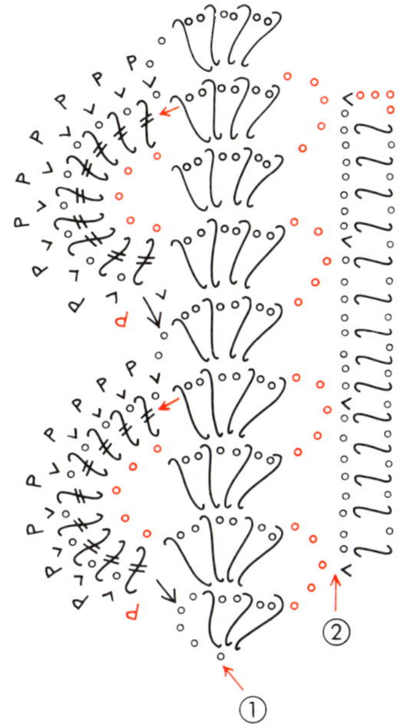

3

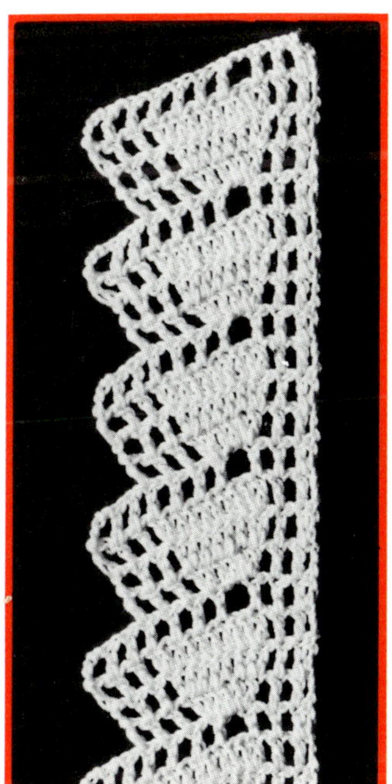

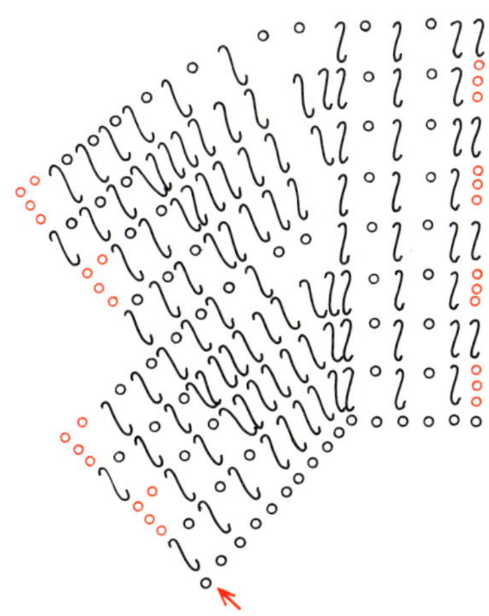

4

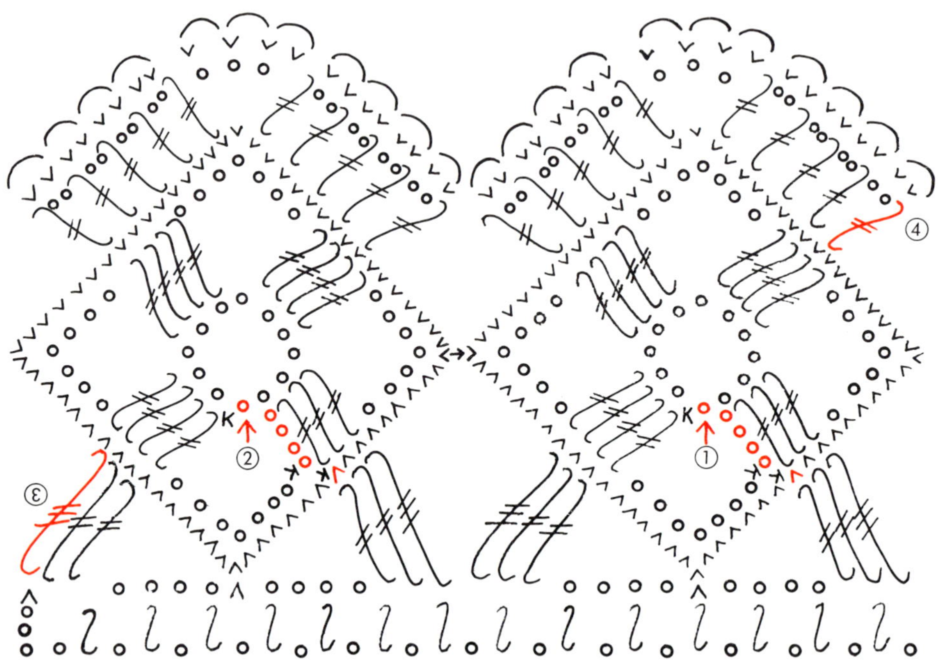

⌒ = 3 Luftmaschen

5

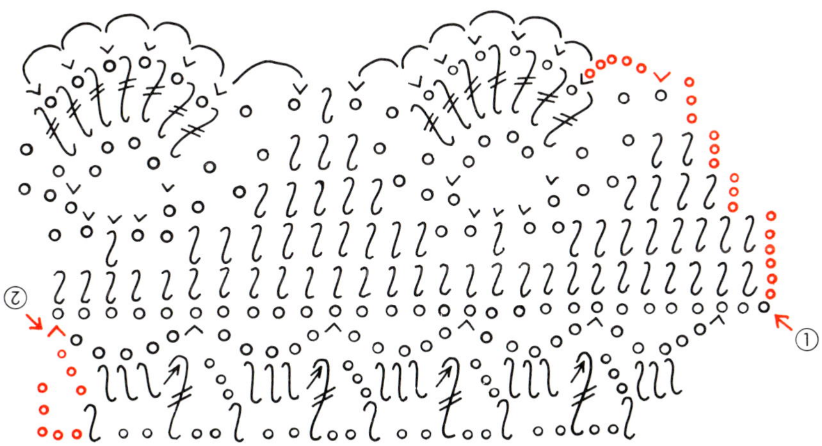

In Runden arbeiten, jeweils mit einer Kettmasche schließen, immer ins hintere Maschenglied einstechen

Rapport = 14 M
⌒ = 5 Luftmaschen

6

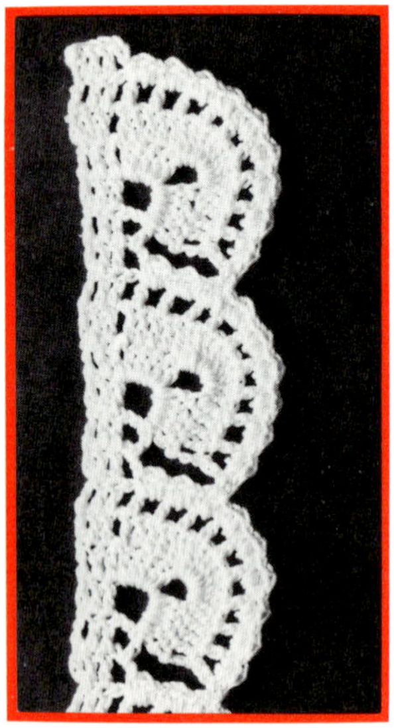

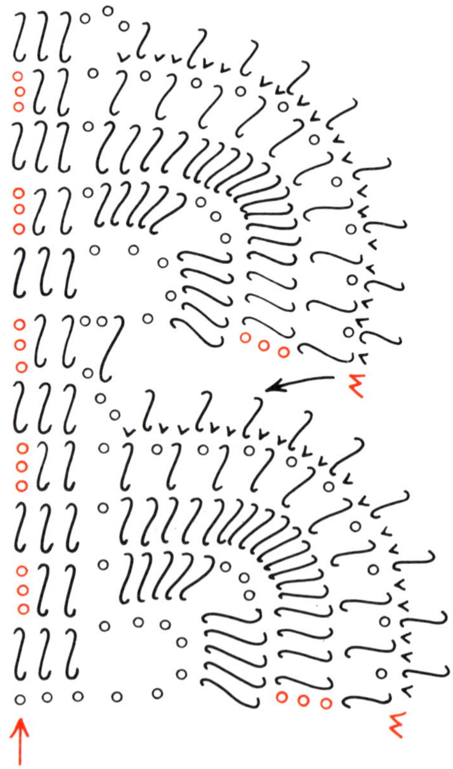

7

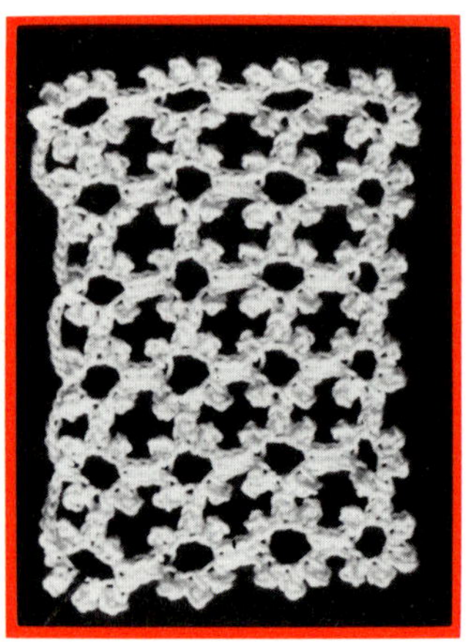

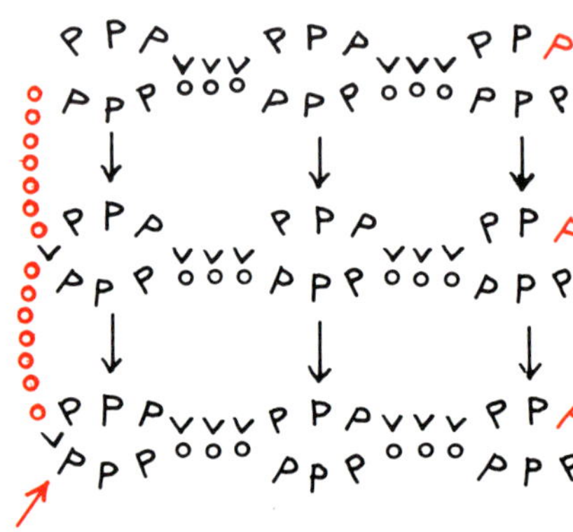

Man beginnt mit 3 Pikots.

Das alte Muster dieser Spitze war aus Seide gearbeitet und sah sehr fein und zart aus. Es ließe sich so eventuell als Kragen oder Einsatz an einem Brautkleid verwenden.

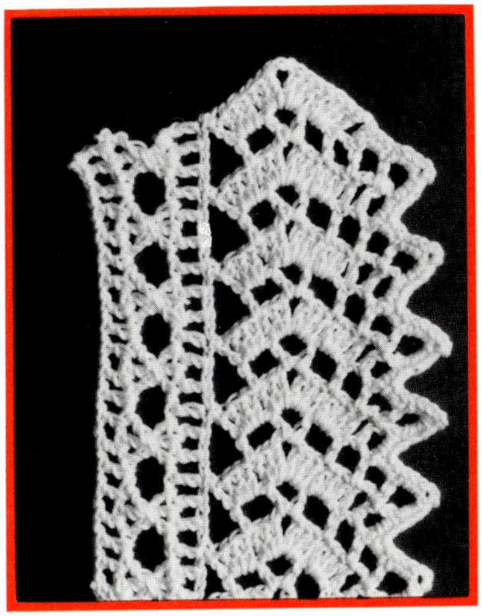

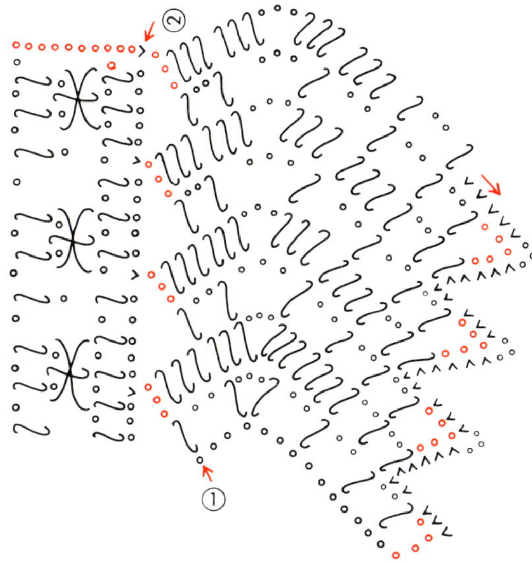

8

1. Arbeitsgang: in hin- und hergehenden Reihen arbeiten
2. Arbeitsgang: in Runden arbeiten

 Wie Kreuzstäbchen arbeiten, nur 3 x einstechen und für die obere Hälfte die 3 Kreuzmaschen auffassen.

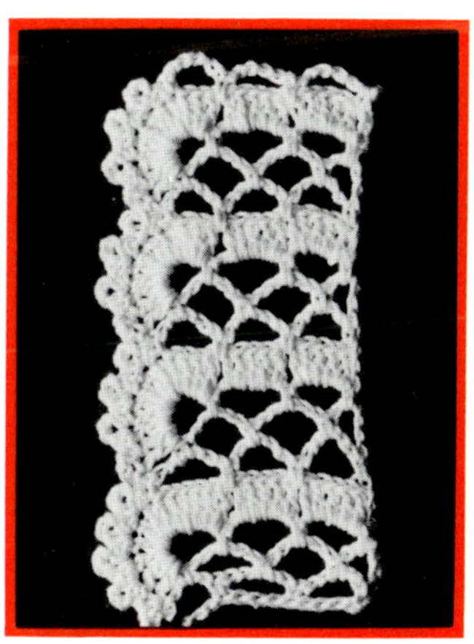

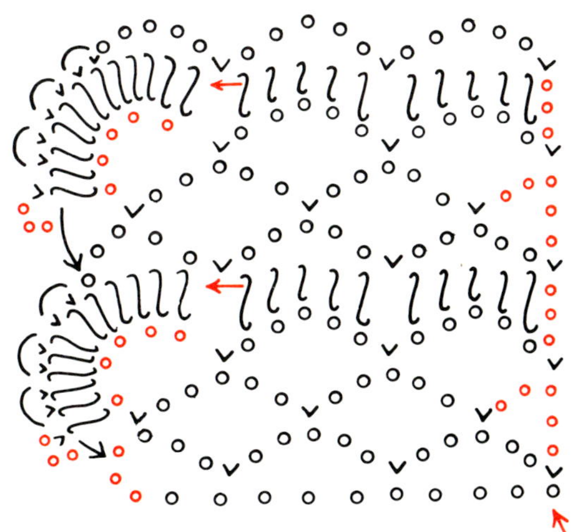

9

 = 3 Luftmaschen

10

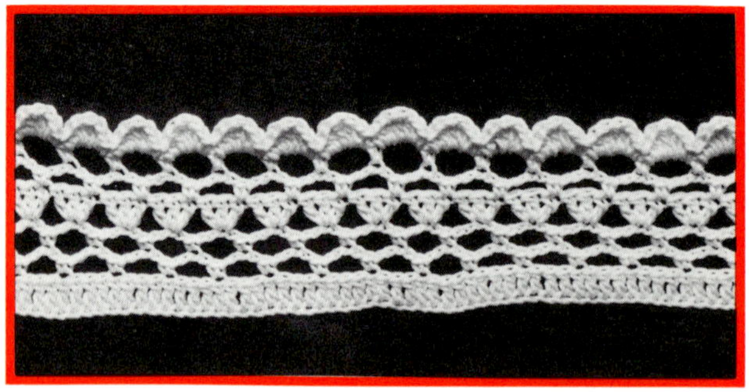

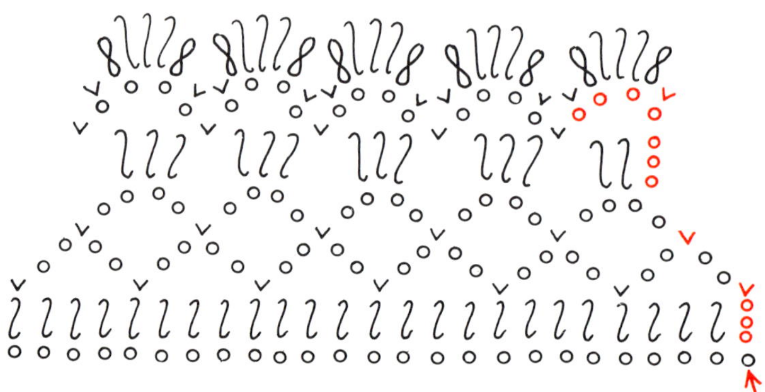

In Runden arbeiten, jeweils mit KM enden
Rapport = 4 M

11

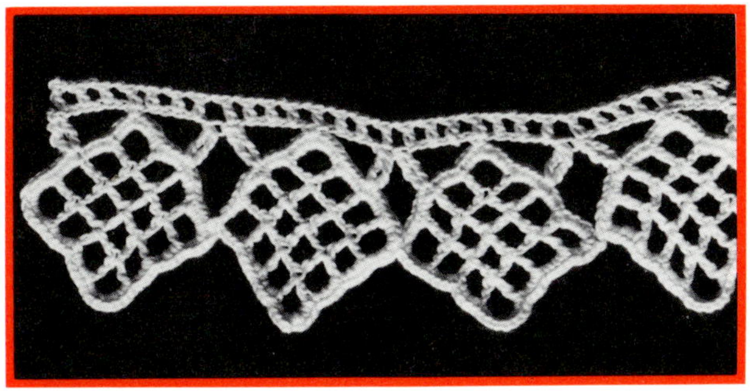

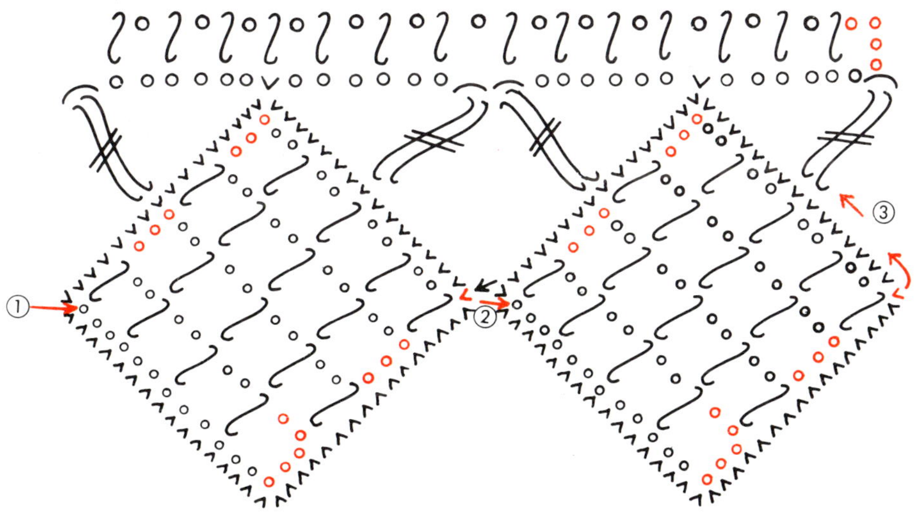

12

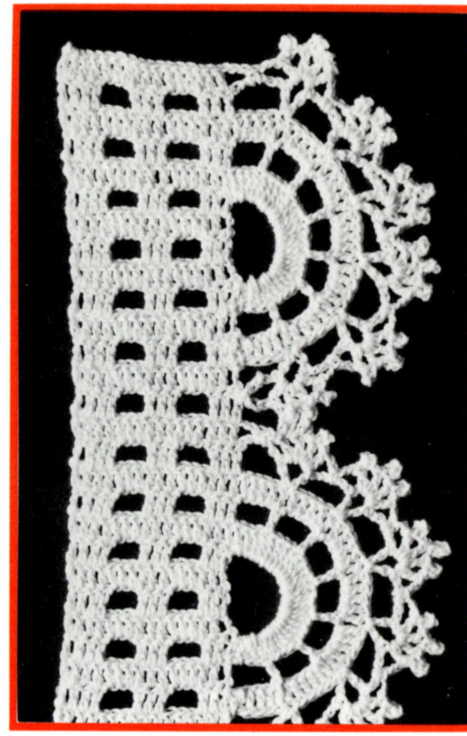

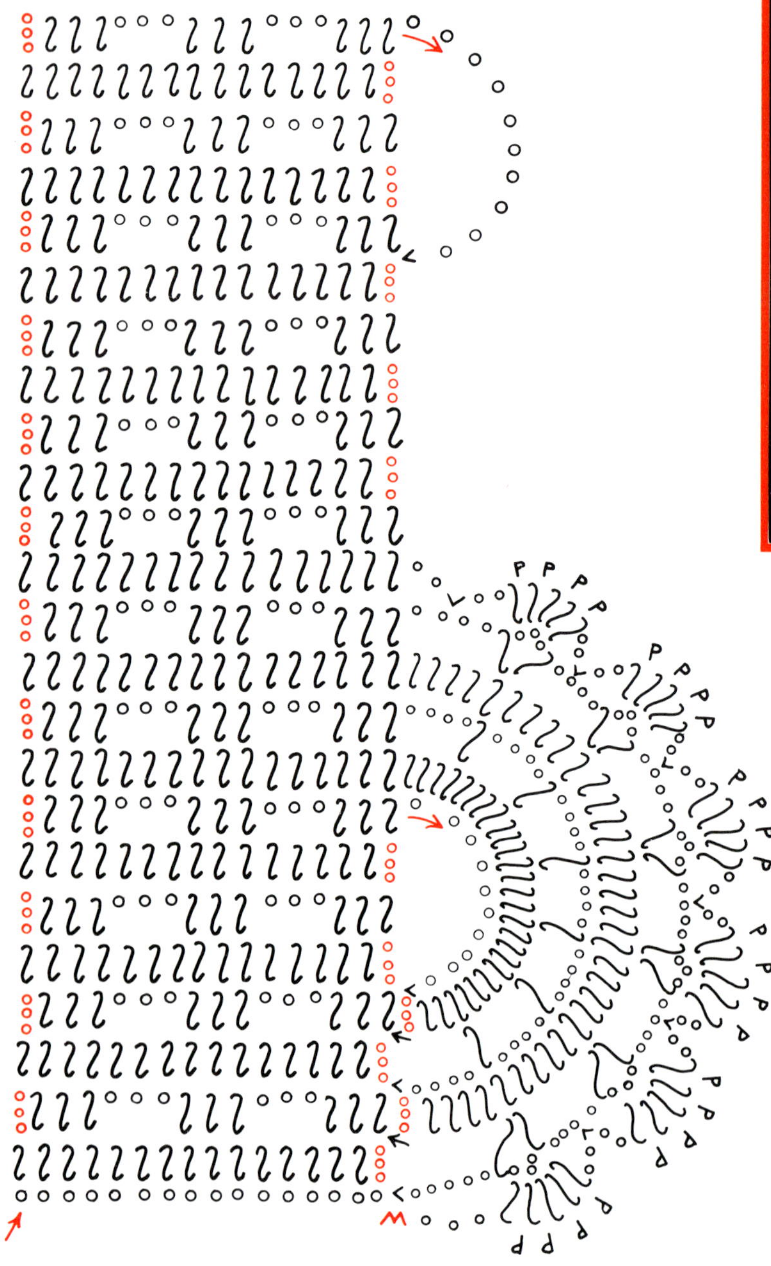

13

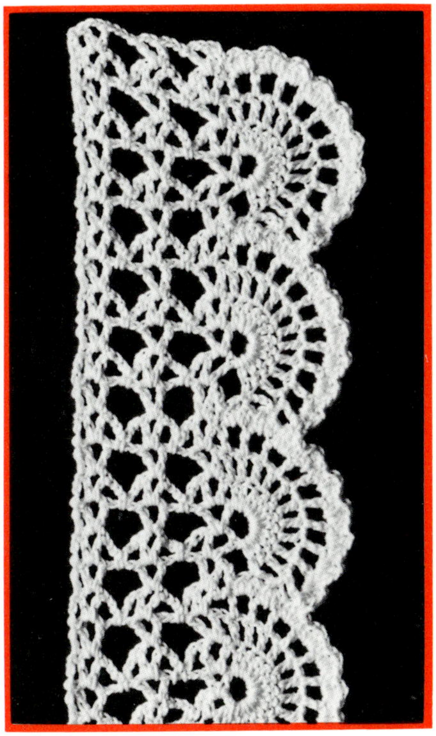

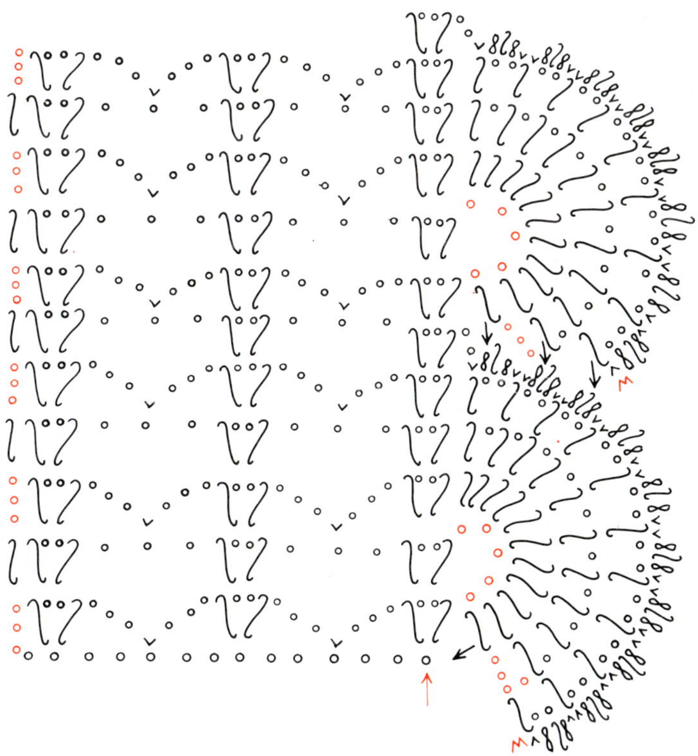

14

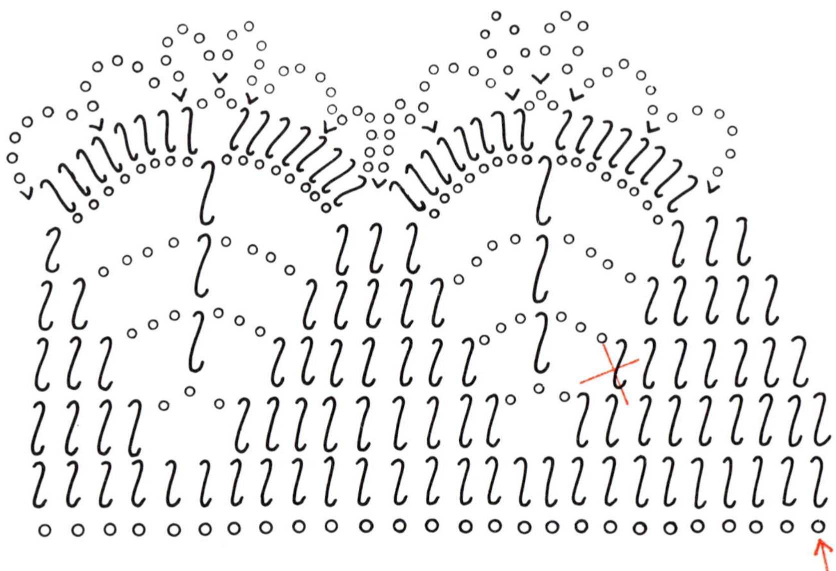

In Runden arbeiten; Rapport = 11 M

15

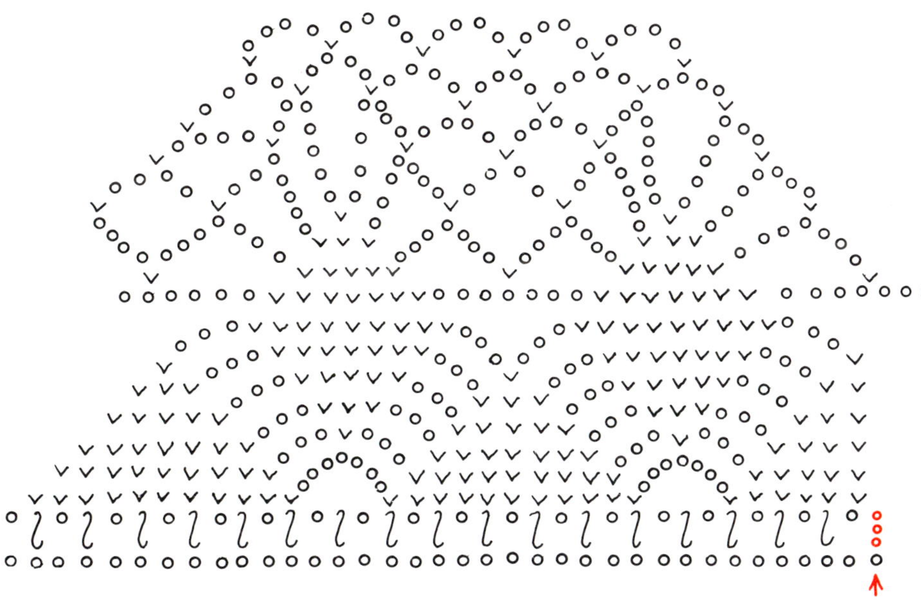

In Runden arbeiten; Rapport = 14 M
Bei den festen Maschen jeweils ins hintere Maschenglied einstechen

16

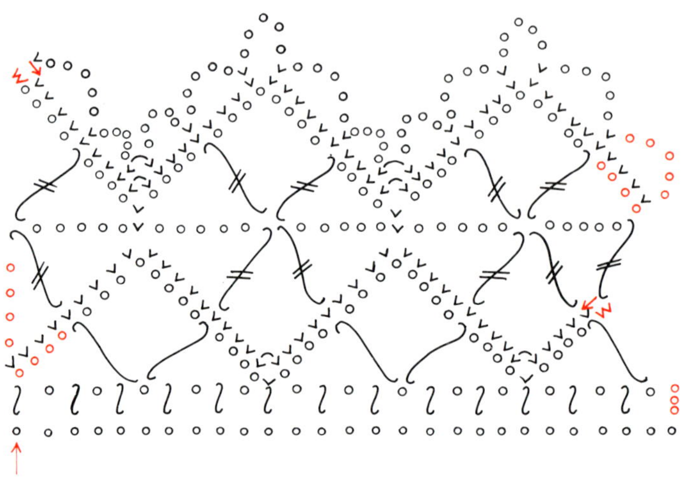

Das Muster für die Tischdecke finden Sie auf Seite 86, das für die Dirndlbluse auf Seite 98
und das für den Unterrock auf Seite 50

Das Muster für den Einsatz befindet sich auf Seite 78, das für die Spitze auf Seite 73

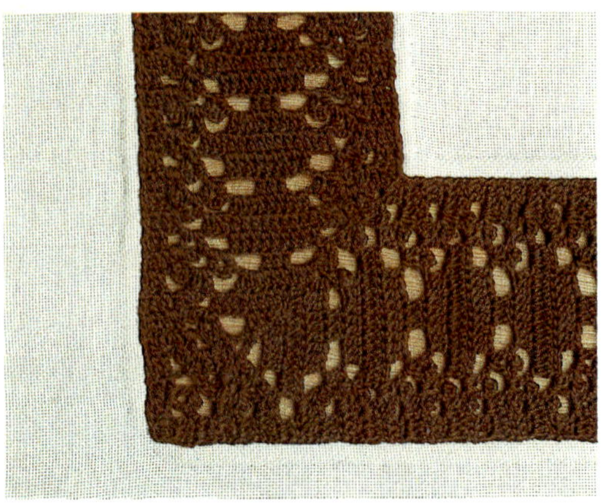

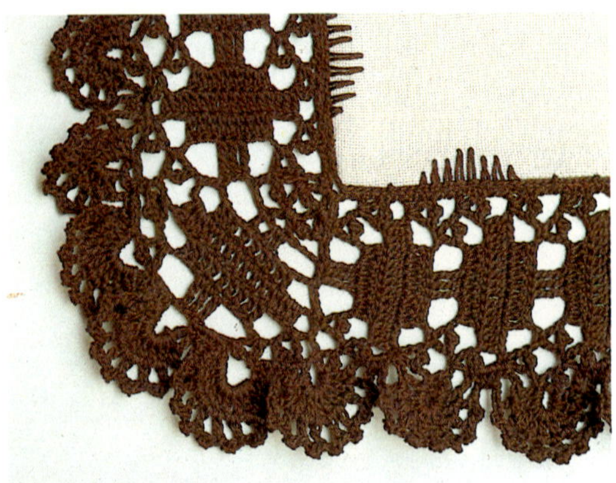

Das Muster für die oben abgebildete Spitze ist auf Seite 28 beschrieben, das für die untere auf Seite 20

Das Muster für diese schöne Spitze finden Sie auf Seite 60

17

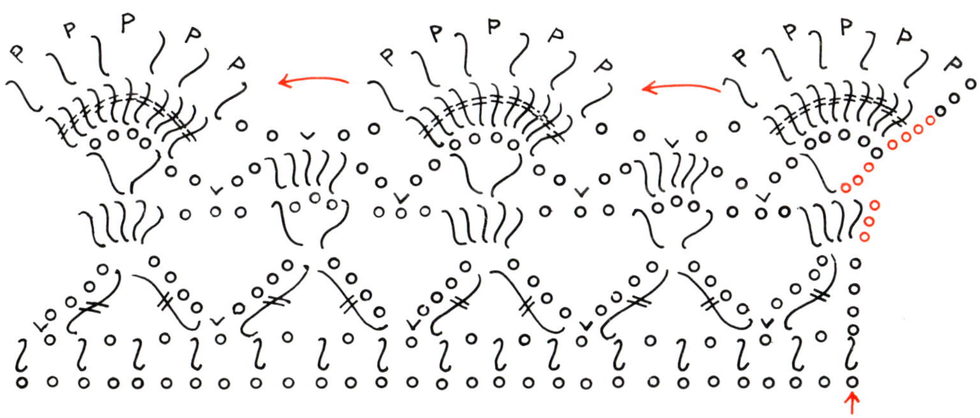

In Runden arbeiten

18

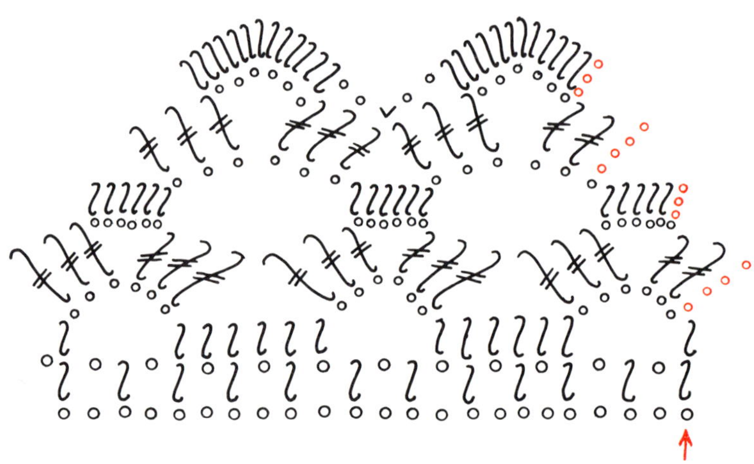

In Runden arbeiten, immer ins hintere Maschenglied einstechen,
jeweils mit KM enden
Rapport = 10 M

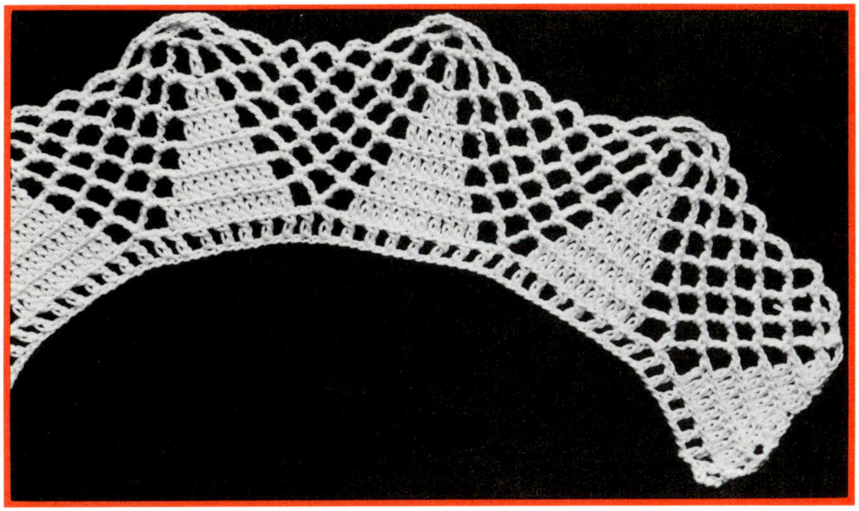

19

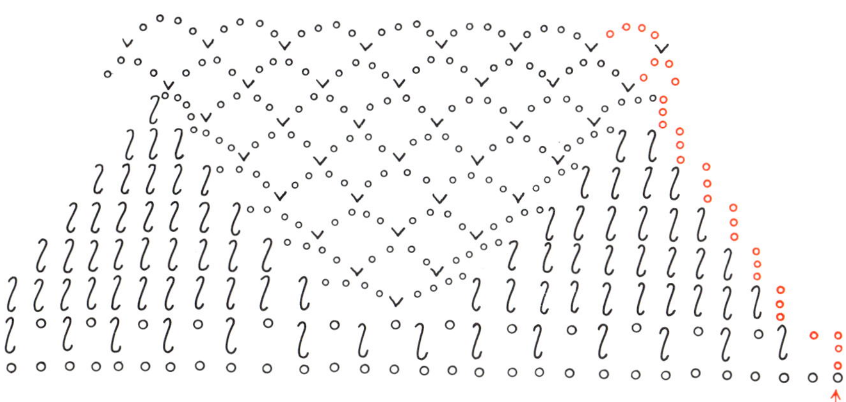

In Runden arbeiten, Rapport = 16 M
Auf den Stäbchen jeweils ins hintere Maschenglied einstechen

20

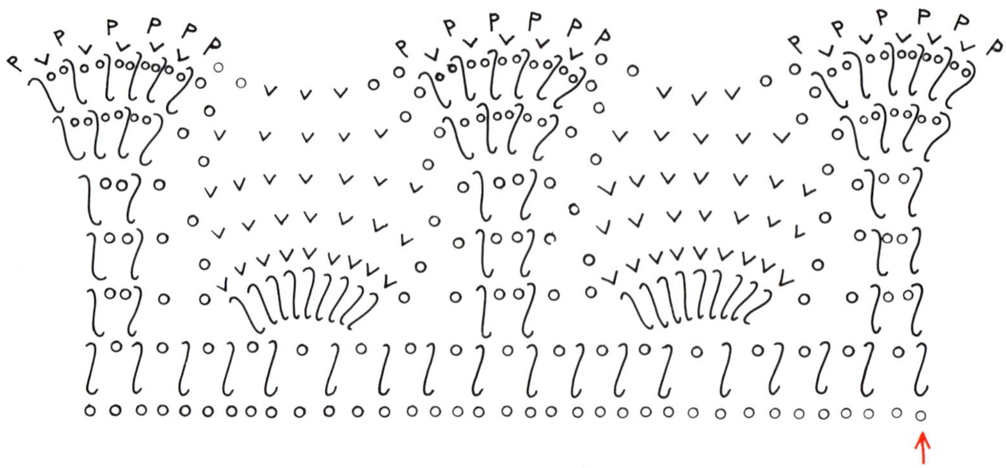

In Runden arbeiten; Rapport = 13 M
Bei den festen Maschen immer ins hintere Maschenglied einstechen

21

22

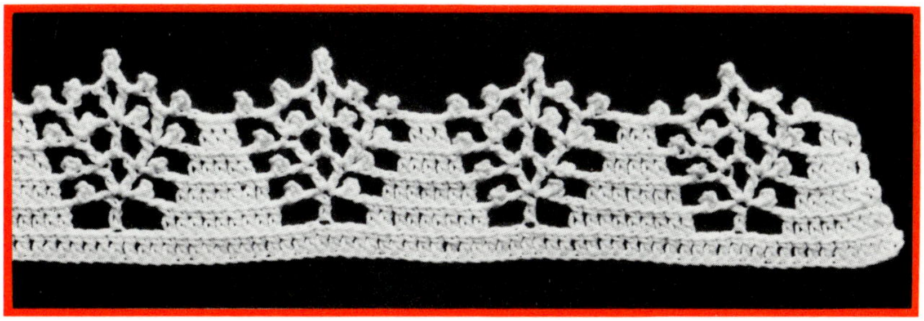

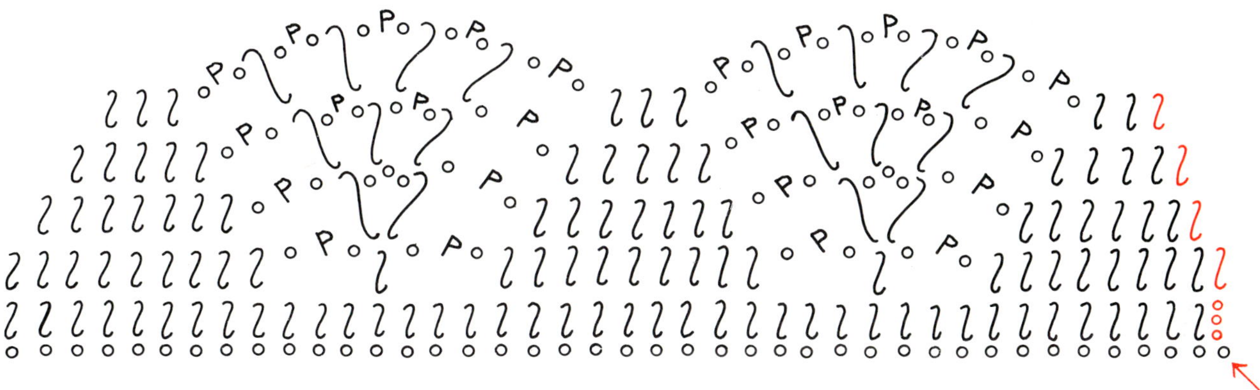

In Runden arbeiten
Rapport = 16 M

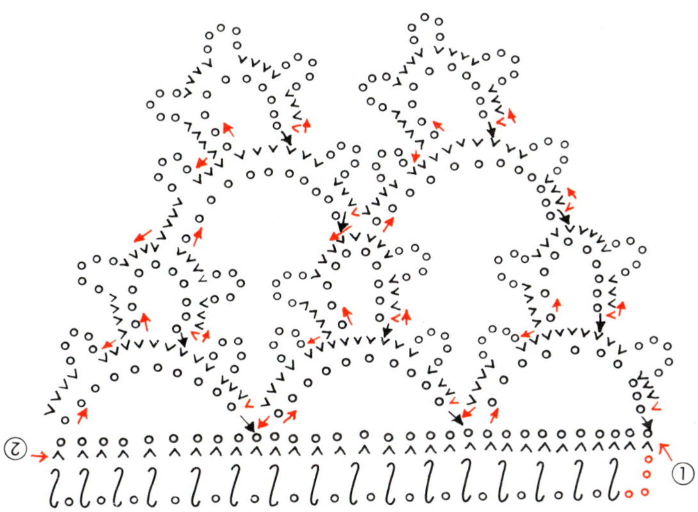

Richtungspfeile genau beachten!

23

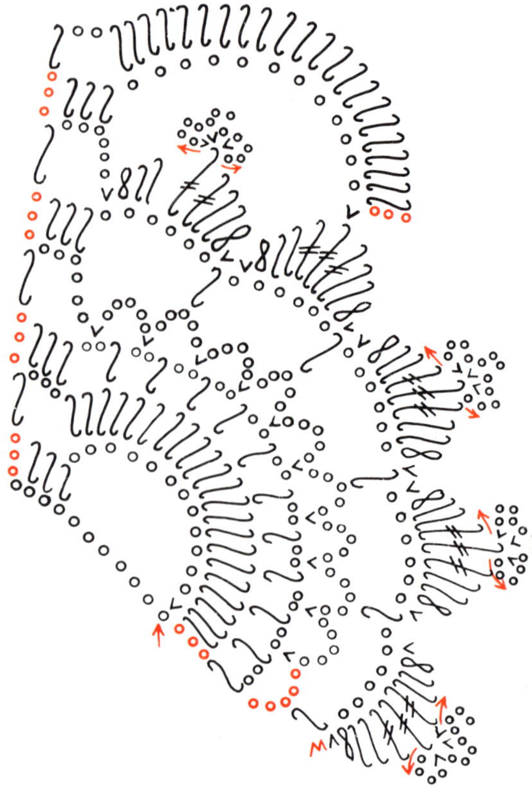

Auf dem mittleren je 3 x 3 Luftmaschen mit einer festen Masche befestigen

24

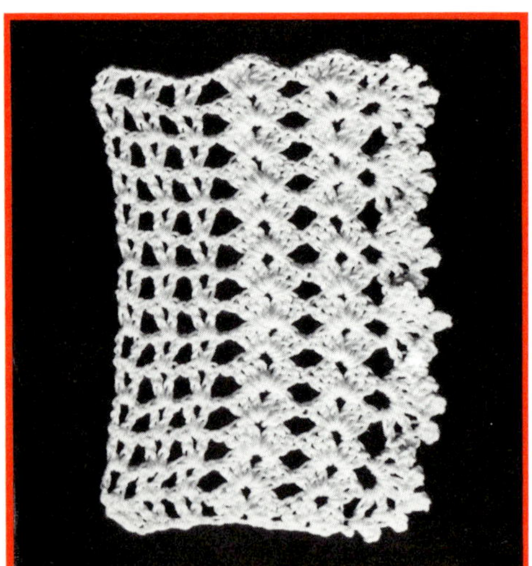

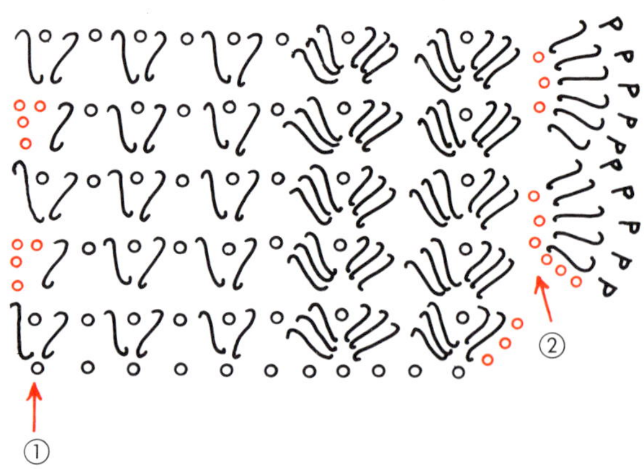

Breite Spitzen

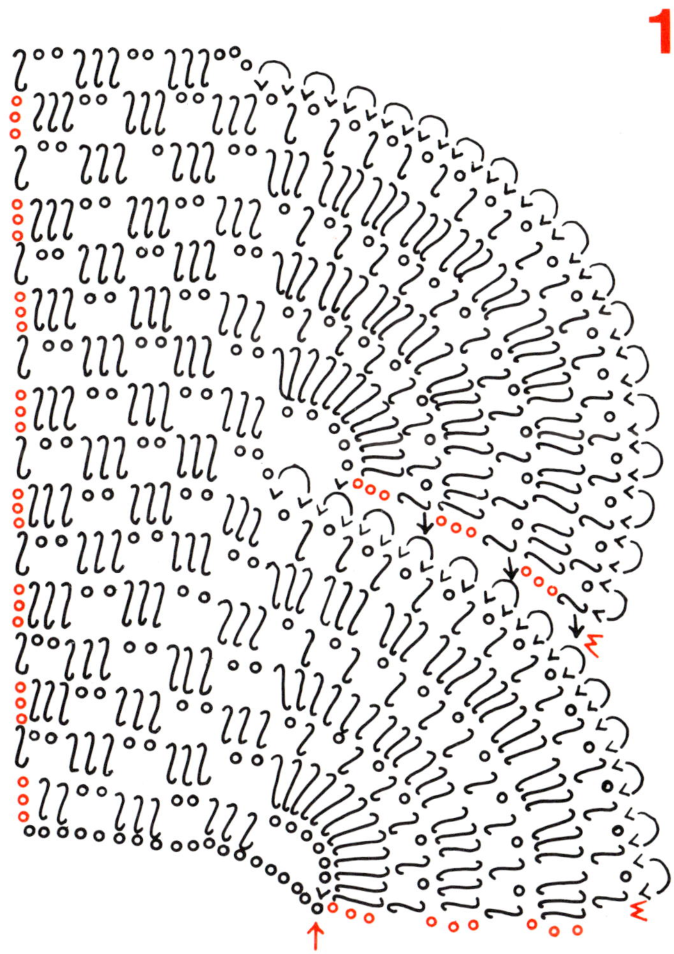

⌒ = 3 Luftmaschen

2

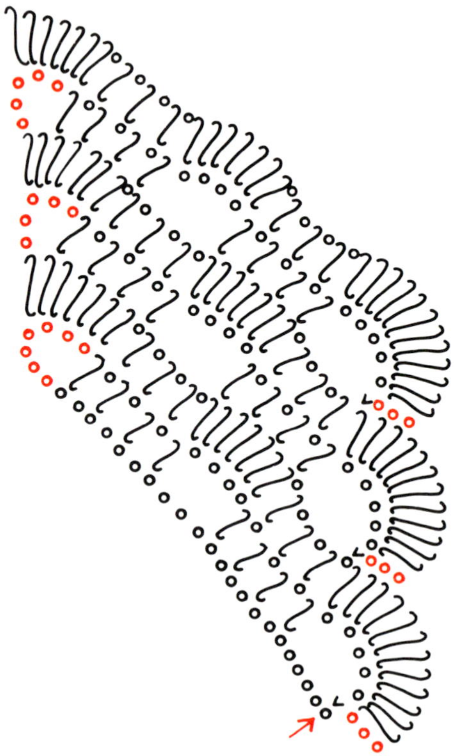

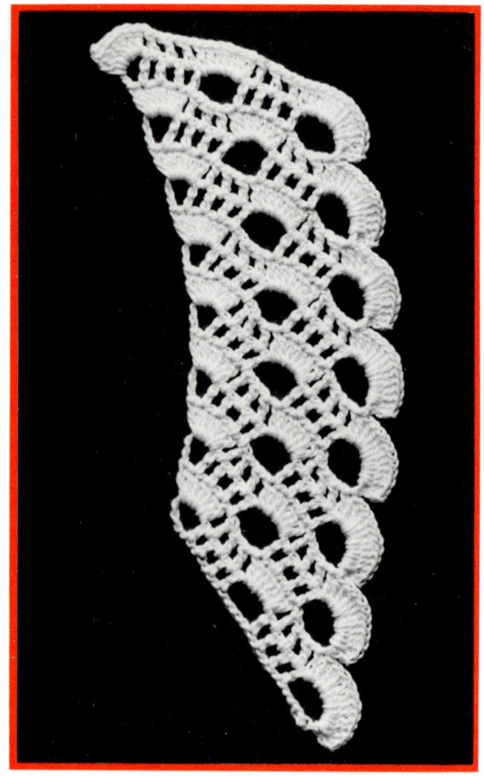

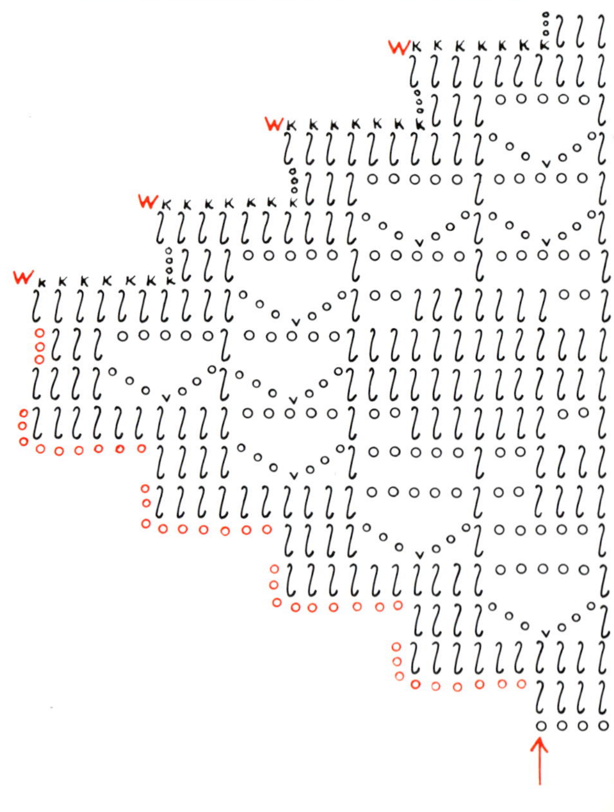

3

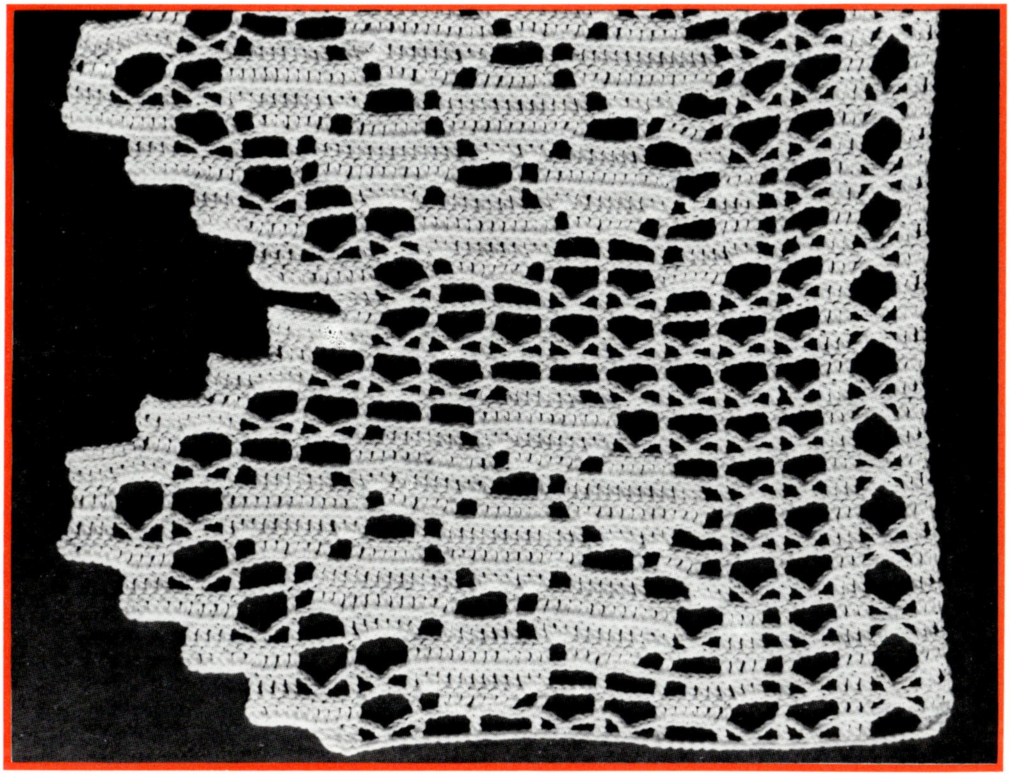

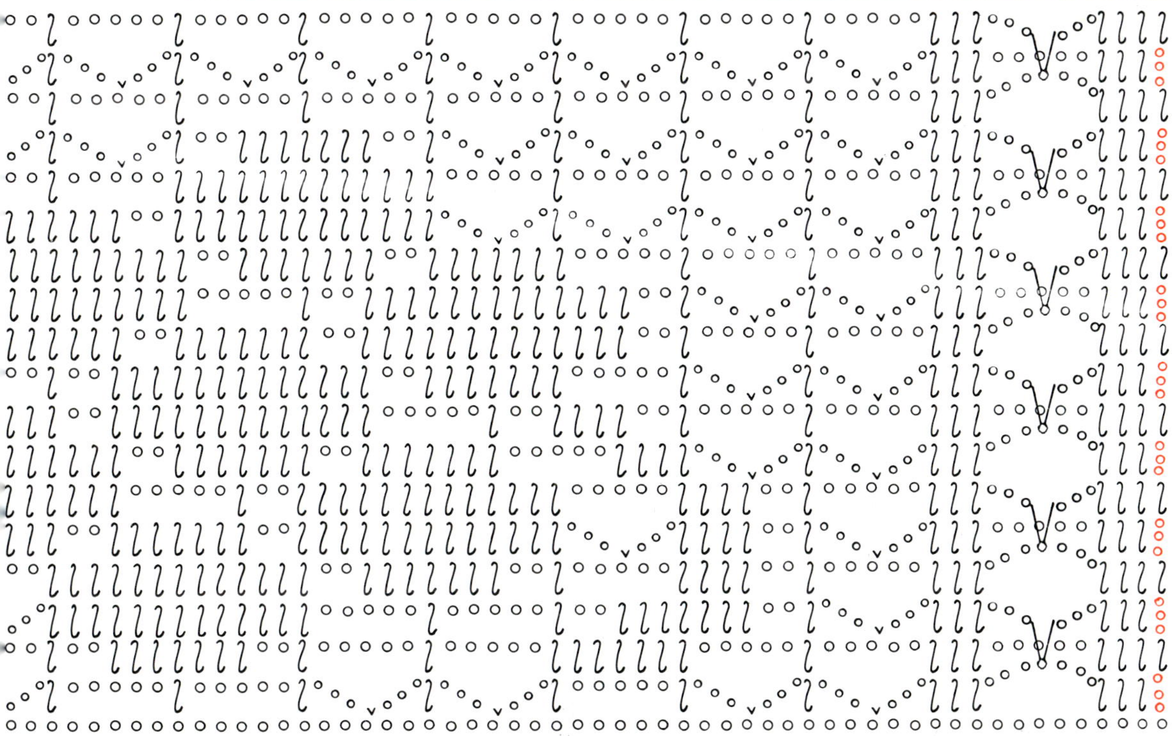

4

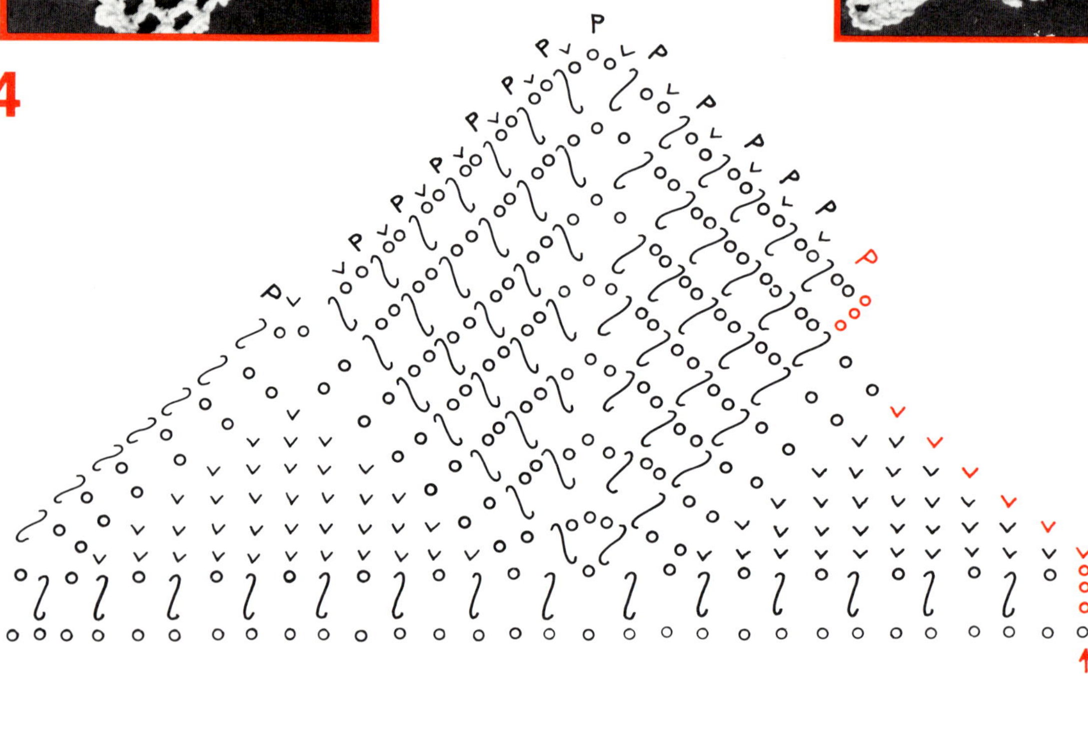

In Runden arbeiten; Rapport = 16 M

5

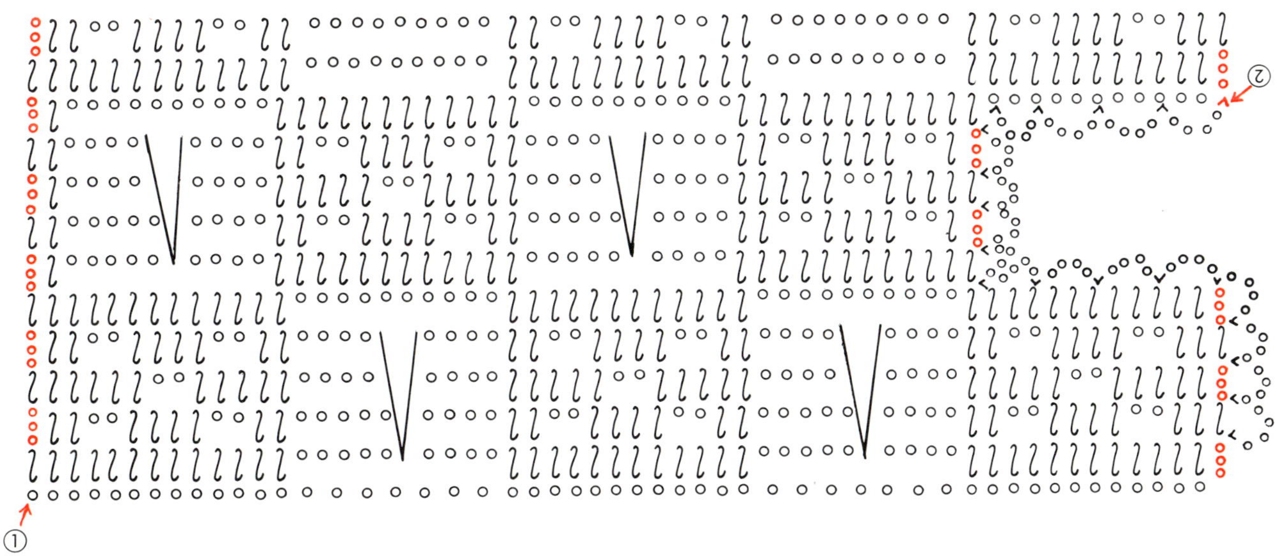

2. Arbeitsgang mit Kontrastfarbe häkeln

V = mit einer festen Masche werden die drei anderen Luftmaschenketten zusammengezogen

6

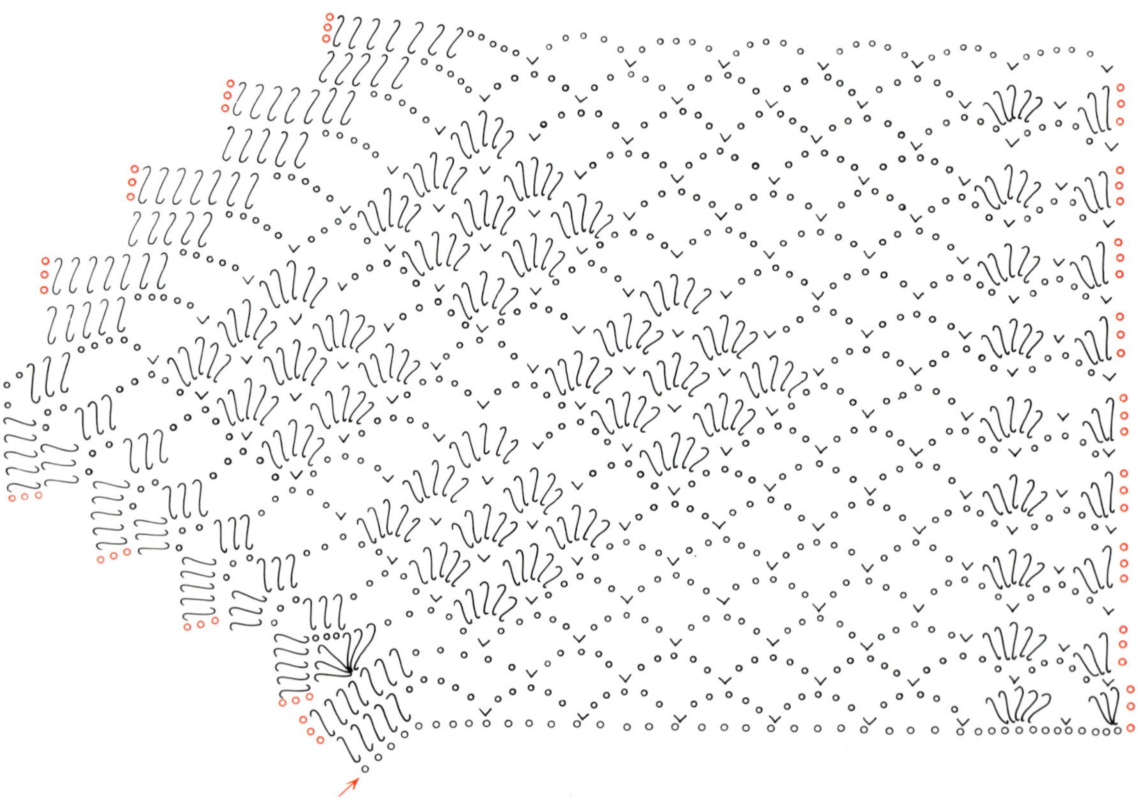

7

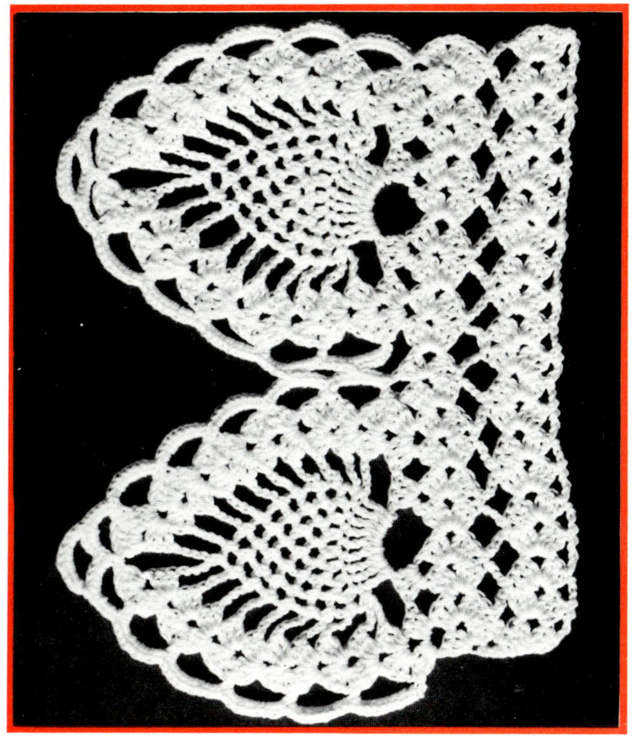

⌒ = 3 Luftmaschen

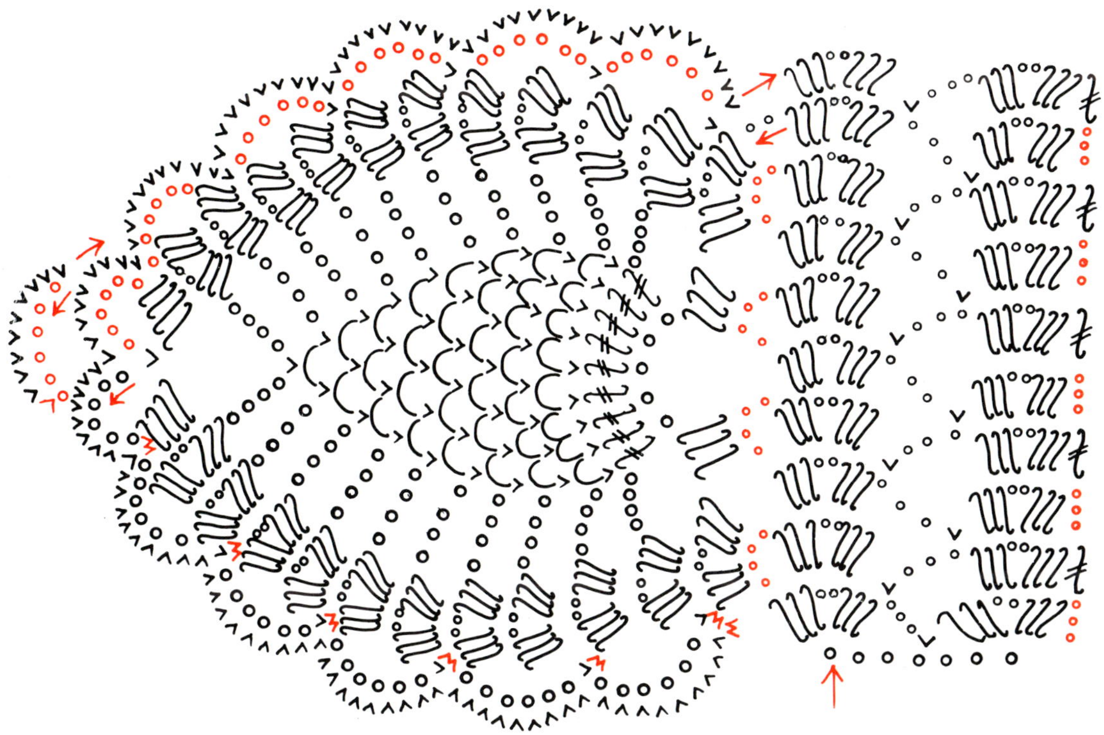

8

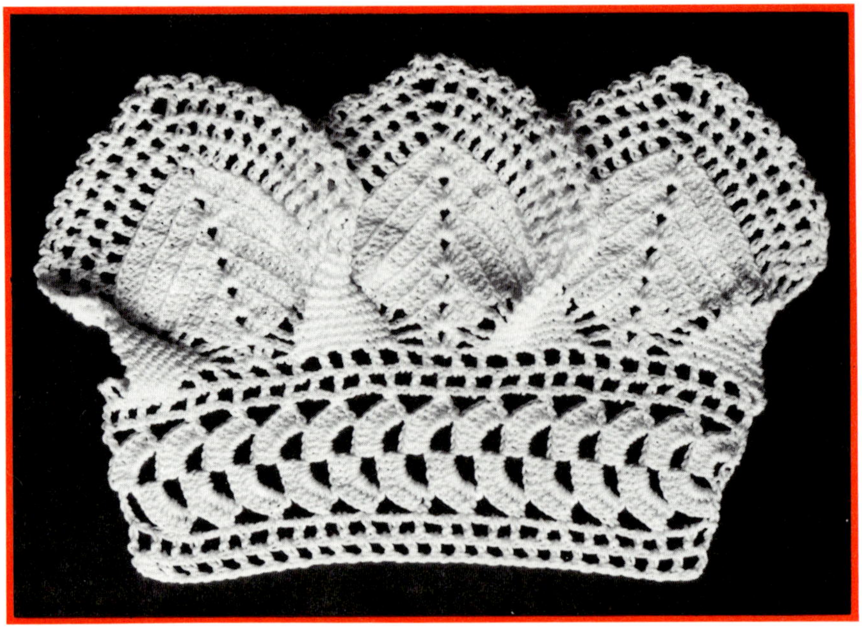

1. Arbeitsgang: in hin- und hergehenden Reihen arbeiten
2.-4. Arbeitsgang: in Runden arbeiten
Bei den dichten Stäbchenreihen im Arbeitsgang 4 stets ins hintere Maschenglied einstechen

⌒ = 3 Luftmaschen

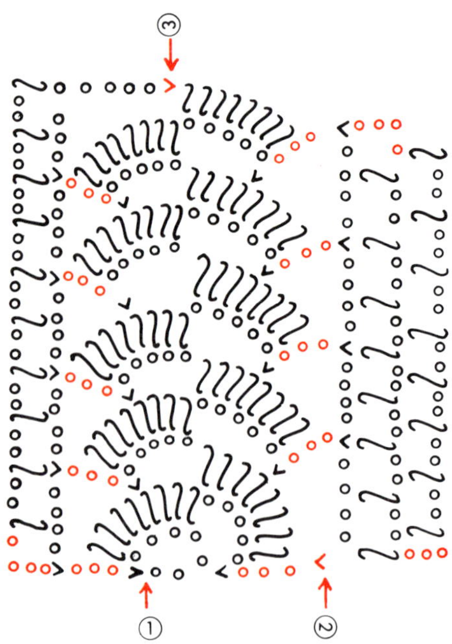

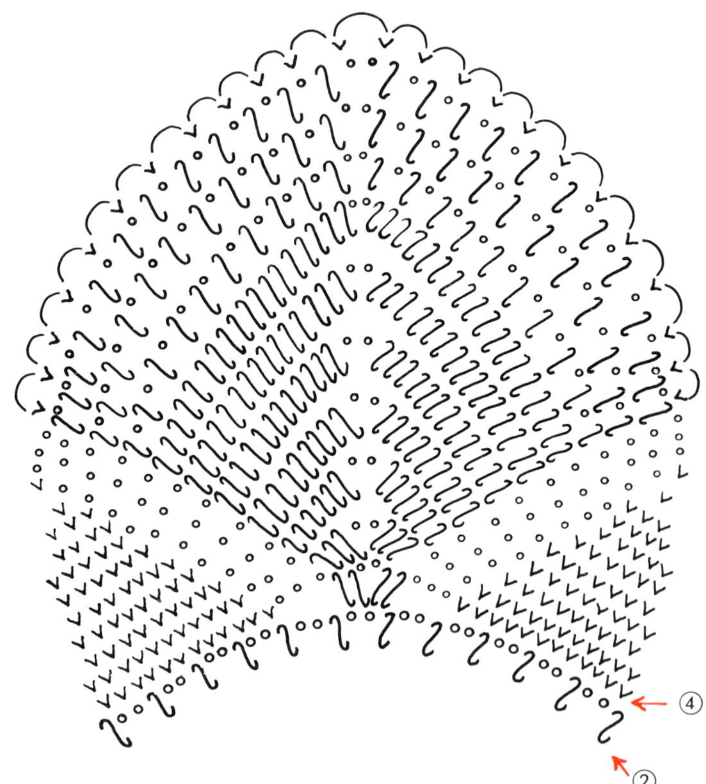

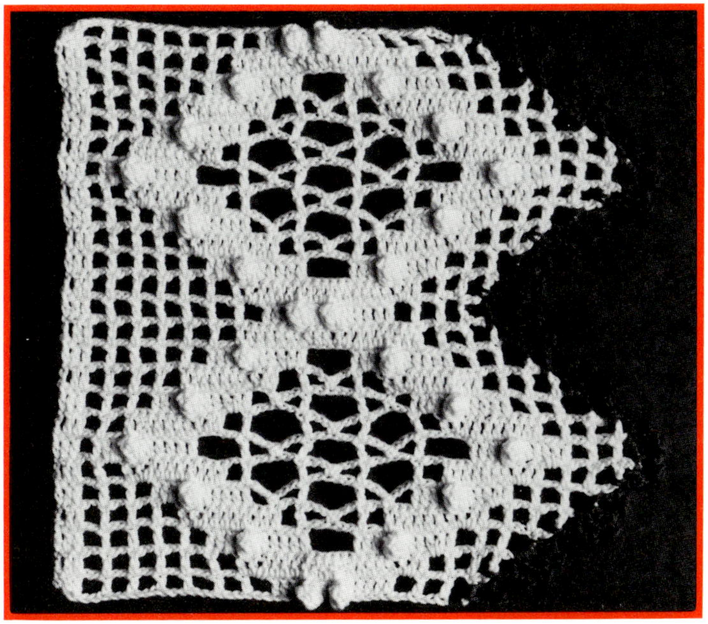

9

N = 5 Stäbchen in ein Stäbchen der Vorreihe, dann Schlinge von der Nadel lassen, in das erste der 5 Stäbchen einstechen und die Schlinge durchziehen; alle 5 Stäbchen fest zusammenziehen

+ = dreifaches Stäbchen, um den Bogen für den Rand zu bekommen

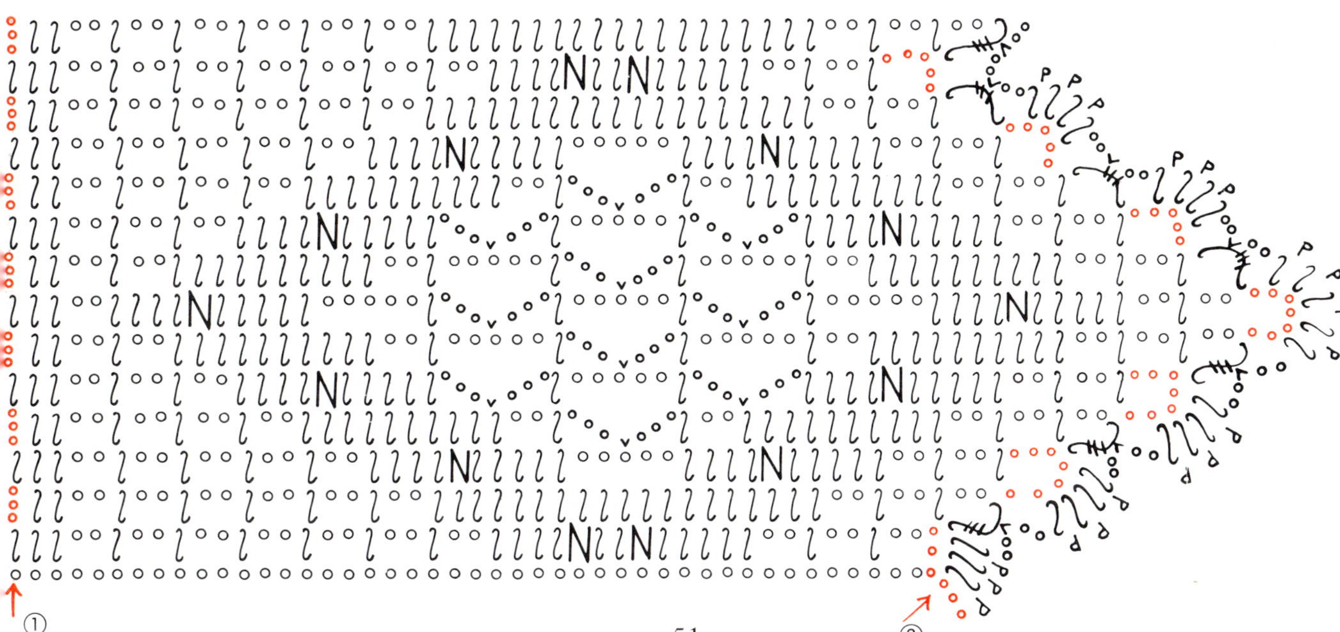

10

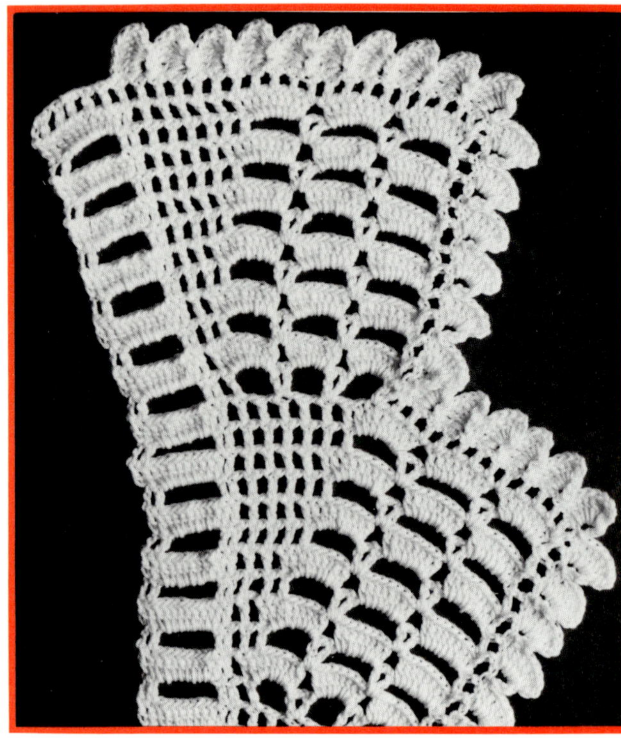

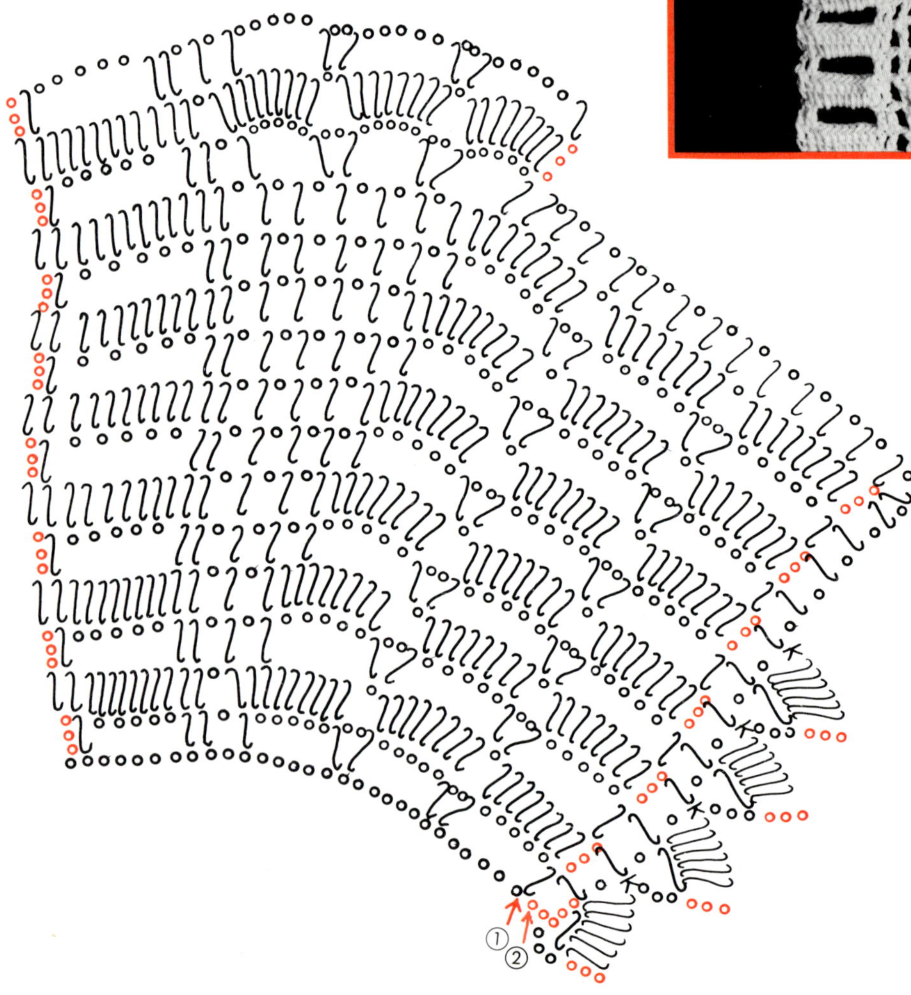

11

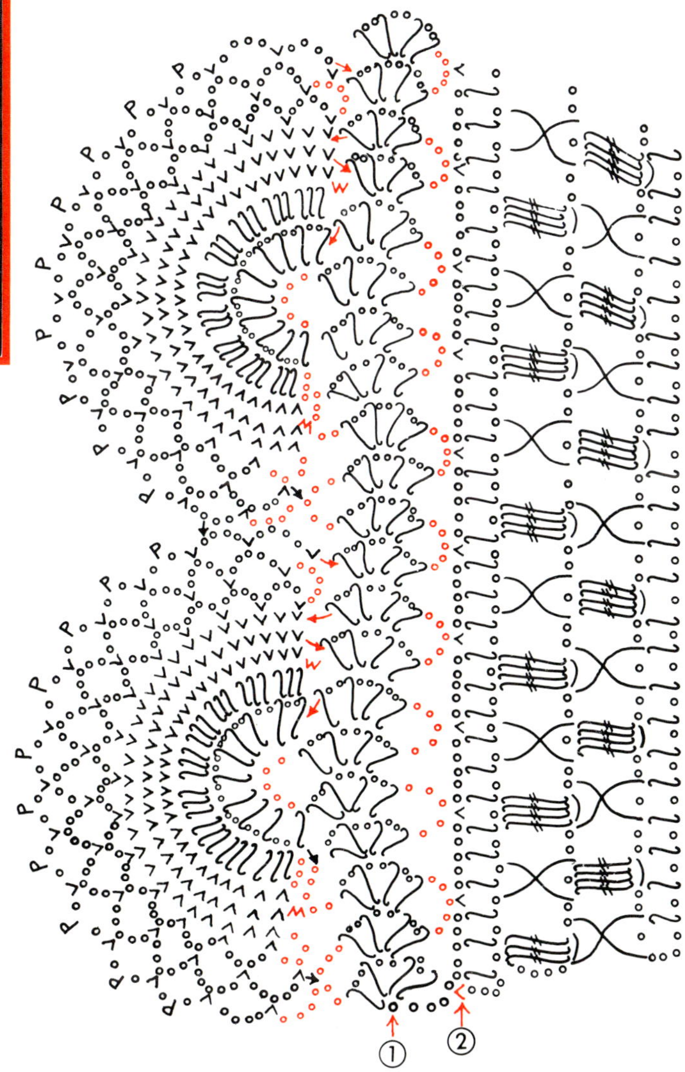

1. Arbeitsgang: hin- und hergehende Reihen; feste Maschen immer ins hintere Maschenglied einstechen
2. Arbeitsgang: in Runden arbeiten und mit K enden.

12

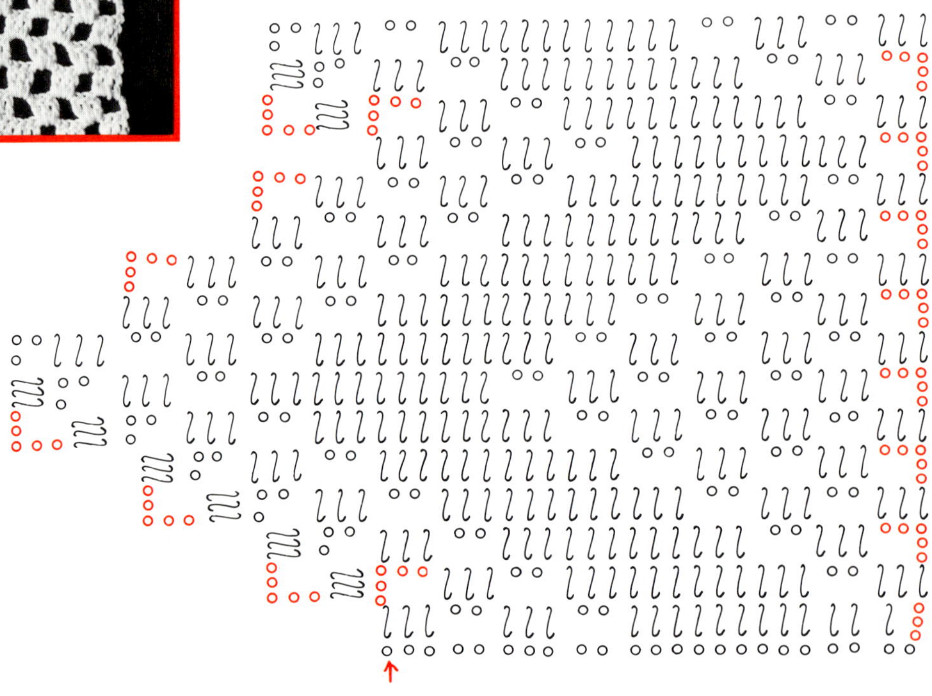

13

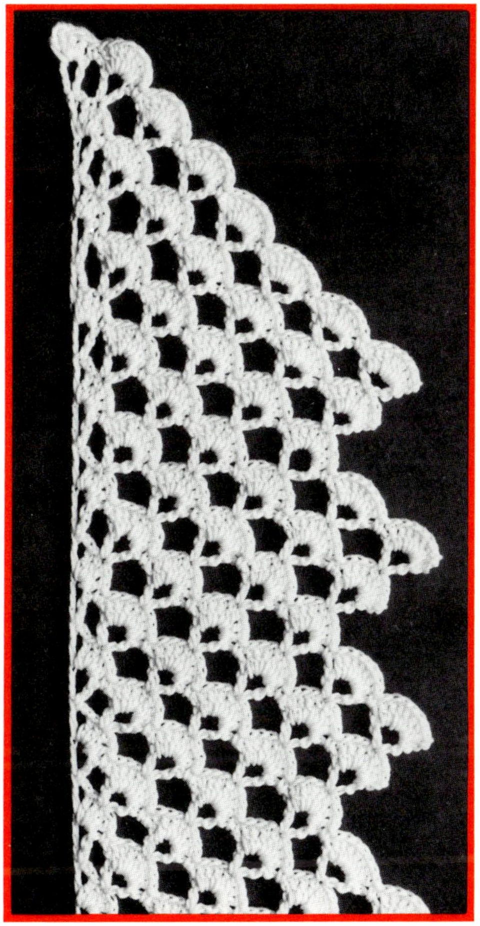

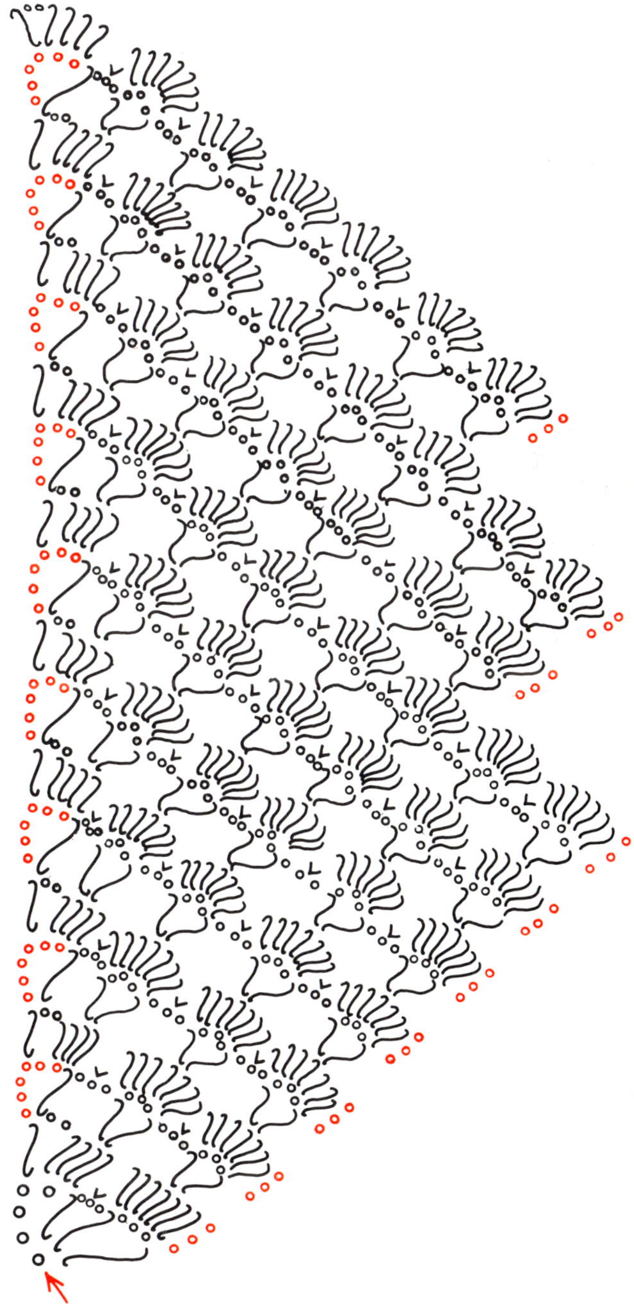

14

Arbeitsbeginn bei Nr. 1 in der Mitte mit 5 Luftmaschen
Mit dem 4. Arbeitsgang die beiden Teile zusammenhäkeln

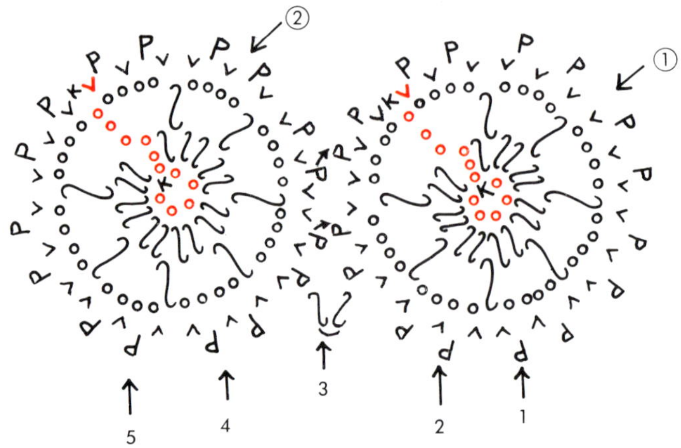

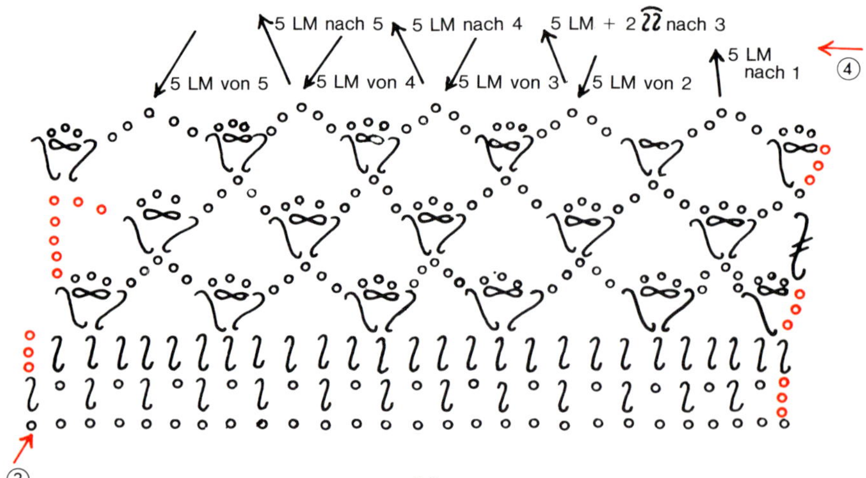

15

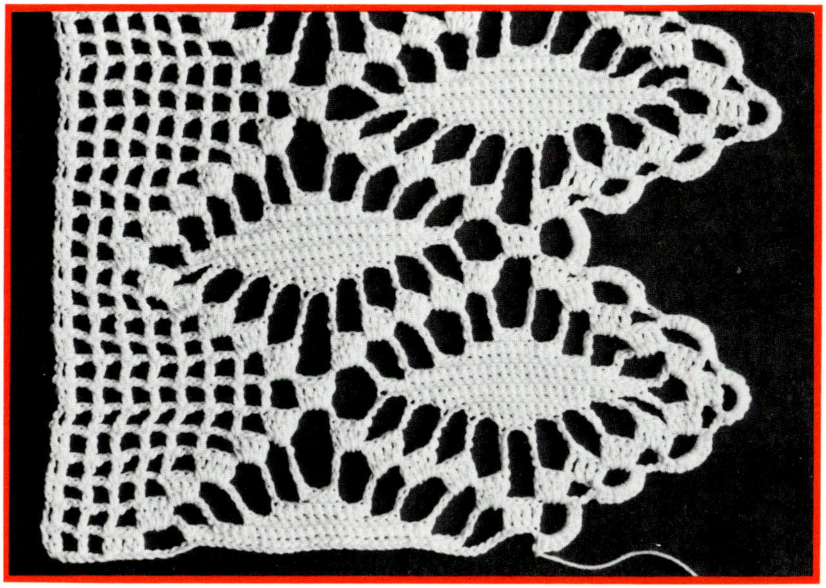

In hin- und hergehenden Reihen arbeiten
Bei den festen Maschen in allen Reihen ins hintere Maschenglied einstechen

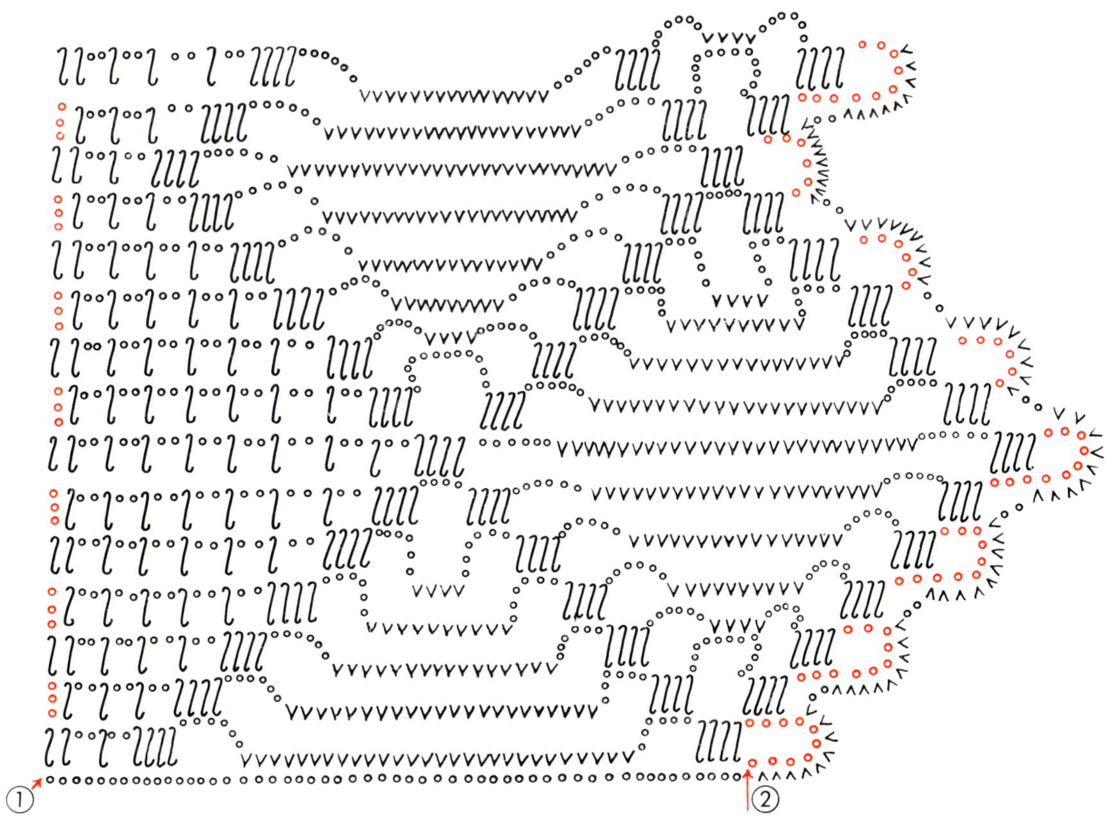

16

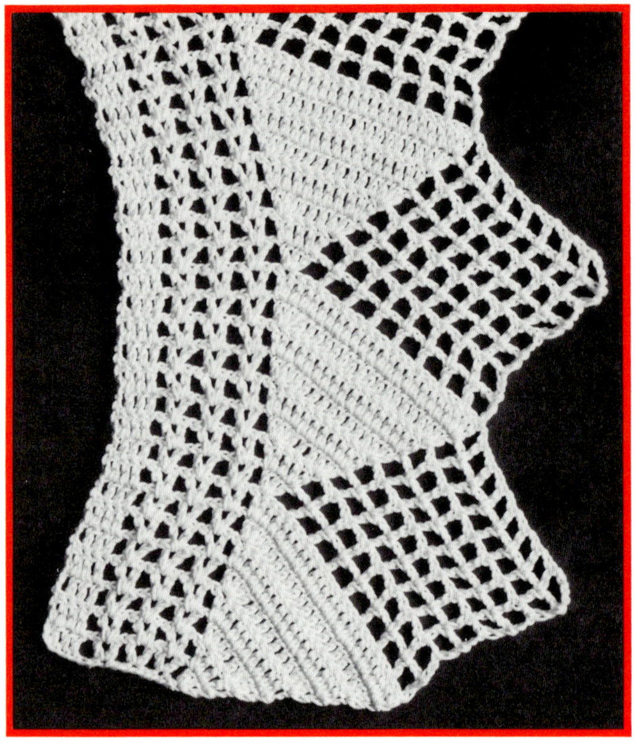

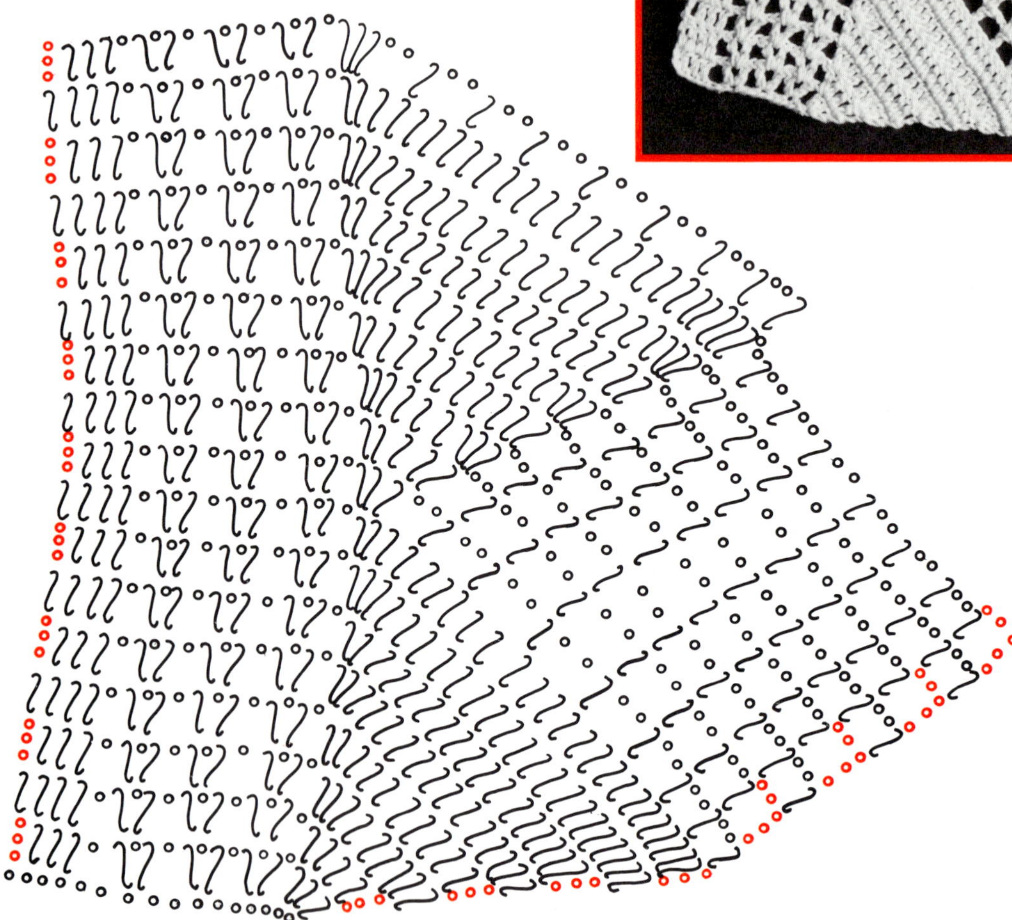

17

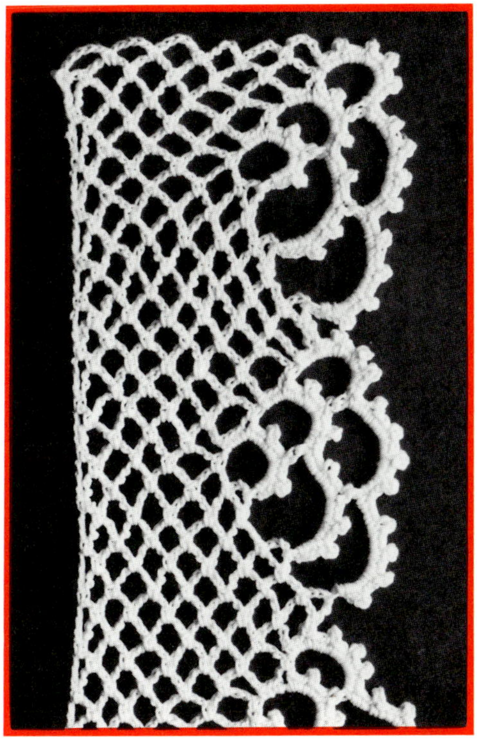

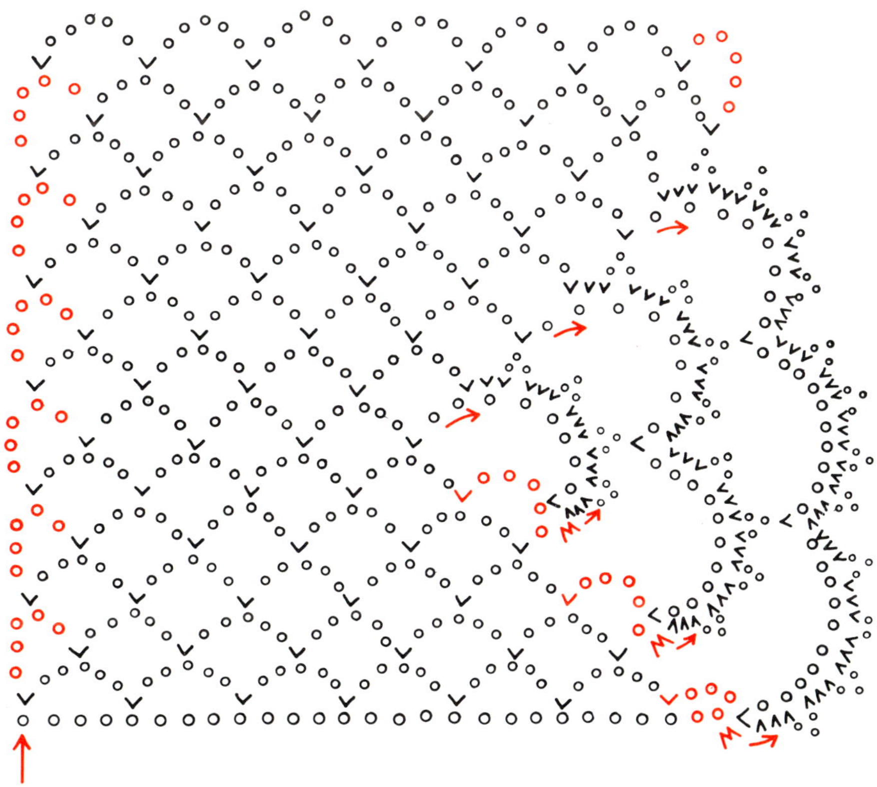

18

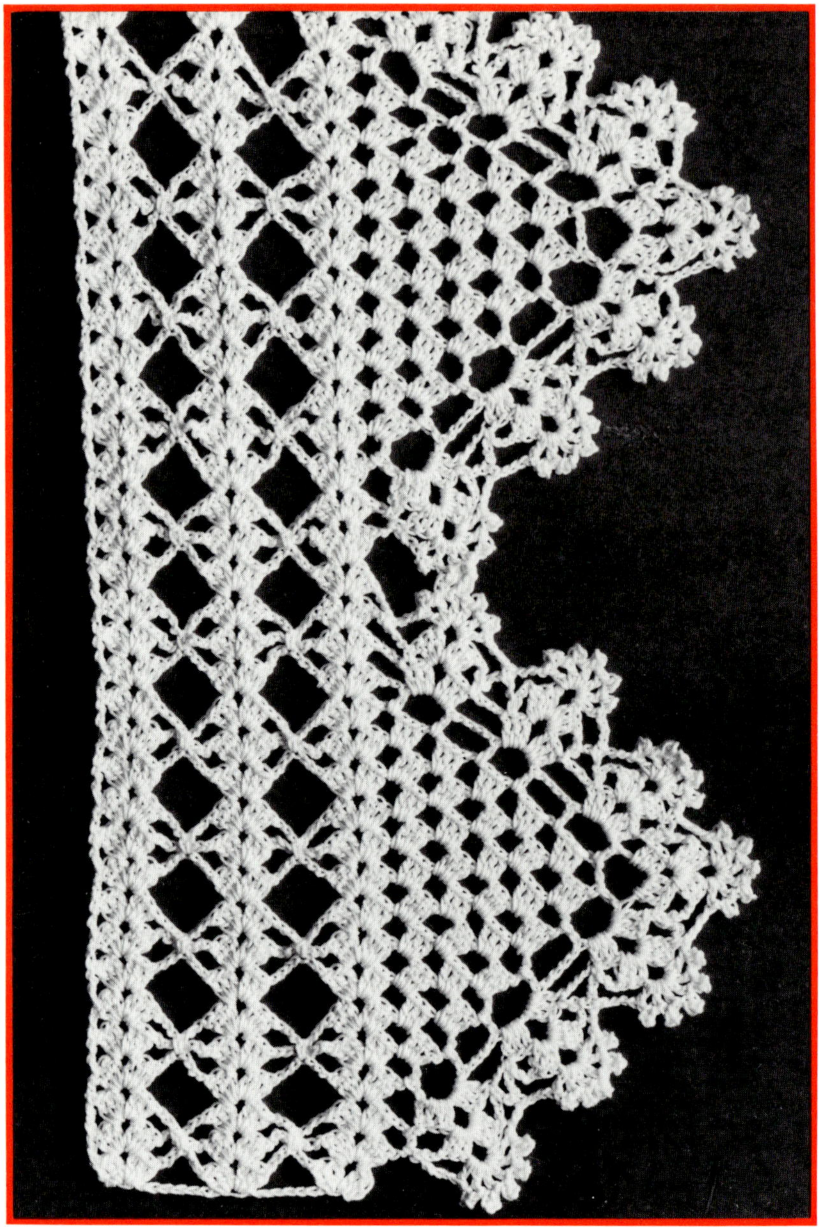

V = Mit einer festen Masche die zwei unteren Luftmaschenbögen zusammenfassen

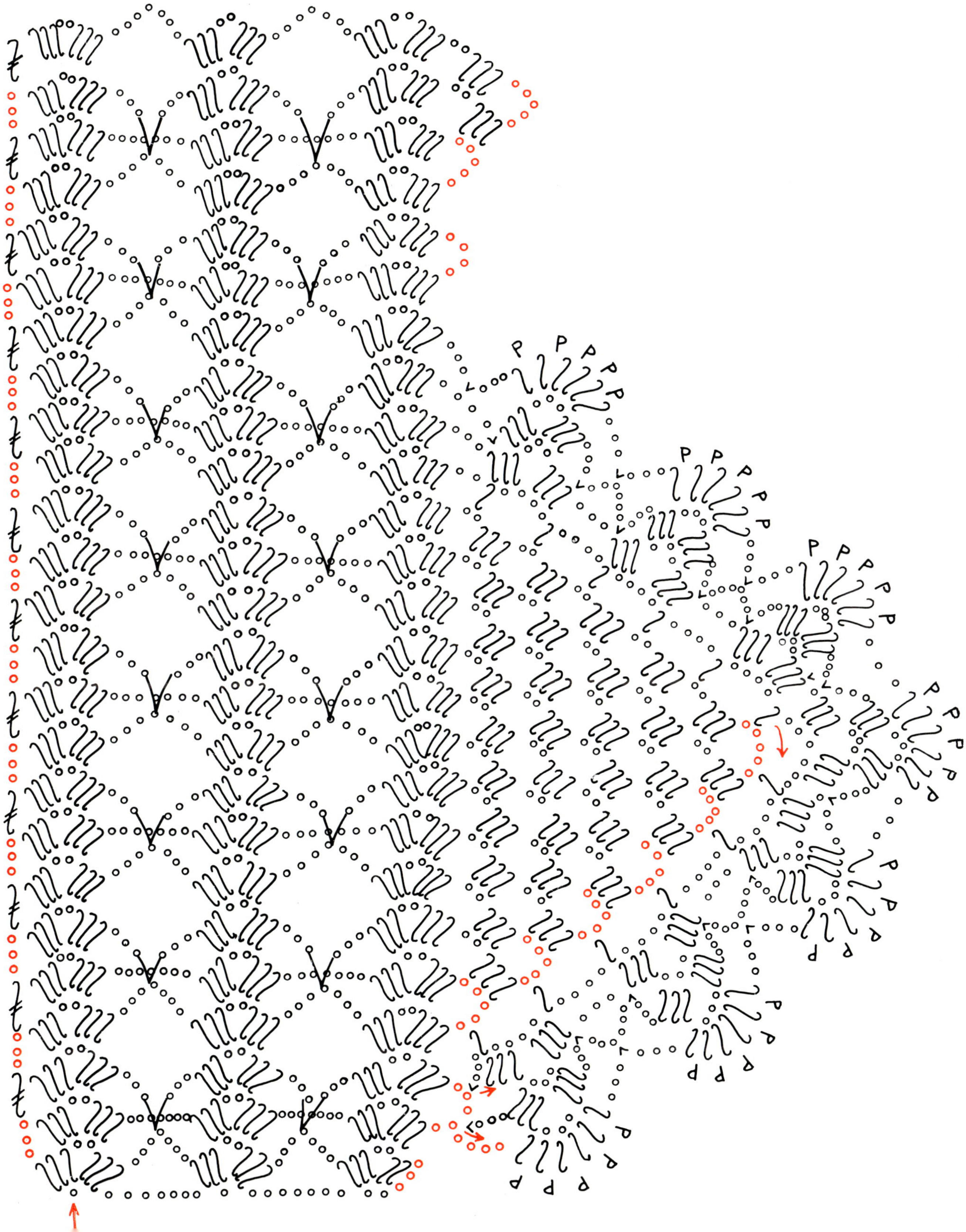

19

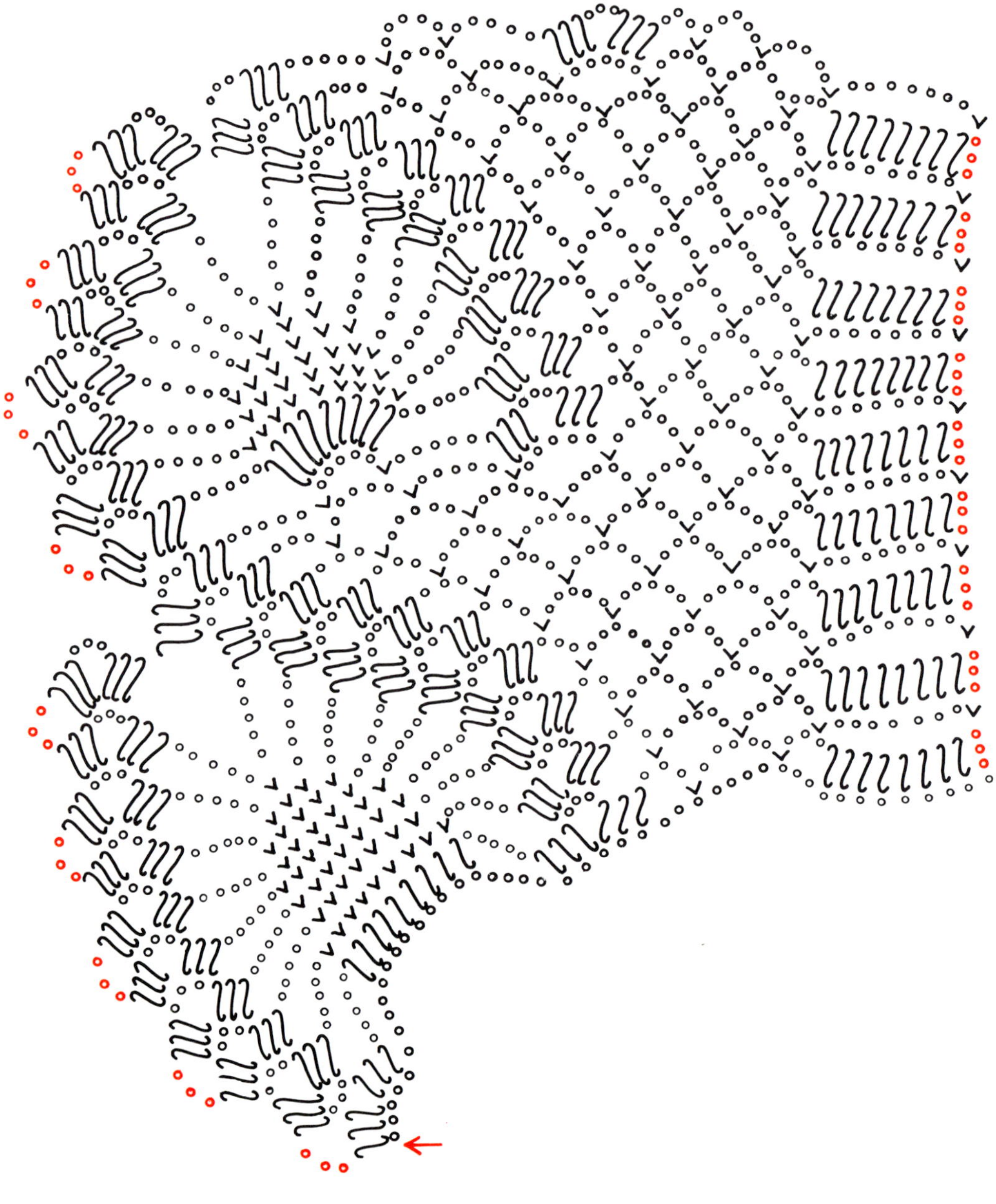

Zeichenerklärung

o = *Luftmasche:* Faden durch die Schlinge holen

v = *feste Masche:* Nadel einstechen, Schlinge durchziehen und beide Schlingen zusammen abmaschen

K = *Kettmasche:* einstechen, Schlinge durchziehen und sofort durch die auf der Nadel liegende Masche ziehen

 = *halbes Stäbchen:* Faden um die Nadel legen, einstechen und die Schlinge durchholen, alle drei Schlingen zusammen abmaschen

 = *Stäbchen:* Faden um die Nadel legen, einstechen, Schlinge durchziehen, dann paarweise abmaschen

 = *doppeltes Stäbchen:* Faden zweimal um die Nadel legen, einstechen, Schlinge durchholen, paarweise abmaschen

 = *dreifaches Stäbchen:* Faden dreimal um die Nadel legen, einstechen, Schlinge durchholen, paarweise abmaschen

 = *Kreuzstäbchen:* Faden zweimal um die Nadel legen, durch die erste Masche der Vorreihe den Faden holen, zwei Schlingen abmaschen, Faden erneut um die Nadel legen und in die dritte Masche der Vorreihe einstechen, Schlinge durchziehen, paarweise abmaschen, 1 Luftmasche, Faden um die Nadel legen und durch den Kreuzpunkt der drei bisher entstandenen Stäbchen holen, paarweise abmaschen.

 = *Gabelstäbchen:* Faden zweimal um die Nadel legen, Schlinge durchholen, zwei Schlingen abmaschen, Faden wieder um die Nadel legen, in die nächste Masche der Vorreihe einstechen, Schlinge durchziehen und alle Schlingen paarweise abmaschen

P = *Pikot:* vier Luftmaschen, mit einer festen Masche zurück in die erste der vier Luftmaschen

W = *Wendeluftmasche:* eine Luftmasche zum Wenden der Arbeit

 = *Luftmaschen zum Wenden der Arbeit:* zugleich als Stäbchenersatz (für ein normales Stäbchen 3 Luftmaschen, doppeltes Stäbchen 4 Luftmaschen)

↗ = Anfang *und* in dieser Richtung weiter arbeiten

① = Nummern für die einzelnen Arbeitsgänge

↗ = *festmachen:* Schlinge von der Nadel lassen, durch die andere Masche stechen und die Schlinge durchziehen

 = *zusammen abgemascht bei festen Maschen:* nur die Schlinge durch die Masche der Vorreihe holen, Vorgang nach Angabe wiederholen, dann alle Schlingen zusammen abmaschen

 = *zusammen abgemascht bei Stäbchen:* jeweils nur ein Schlingenpaar abmaschen, nach Erreichen der nötigen Anzahl von Stäbchen mit dem letzten Stäbchen die Schlinge durch alle anderen Stäbchen ziehen

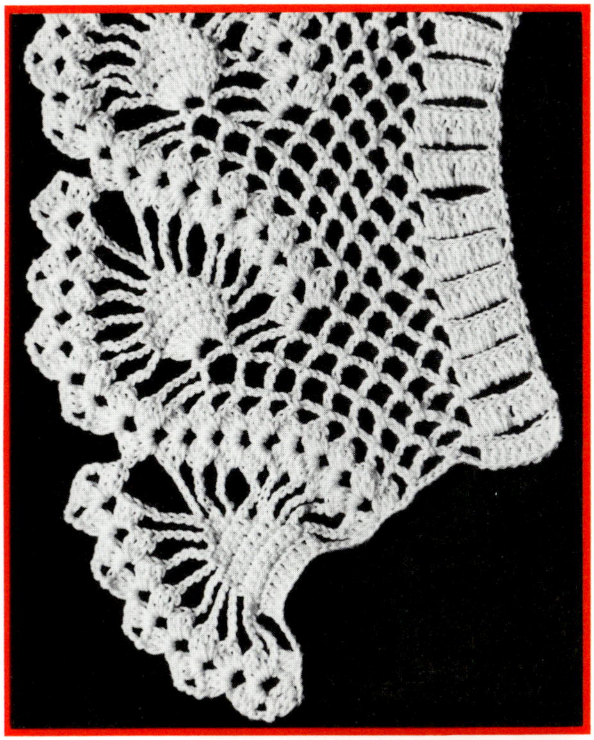

20

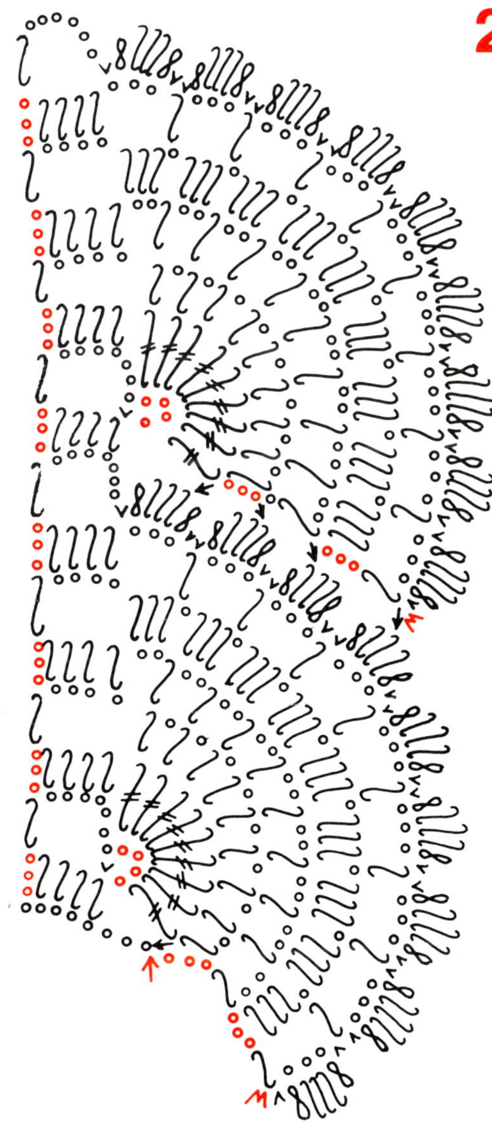

Einsätze

1

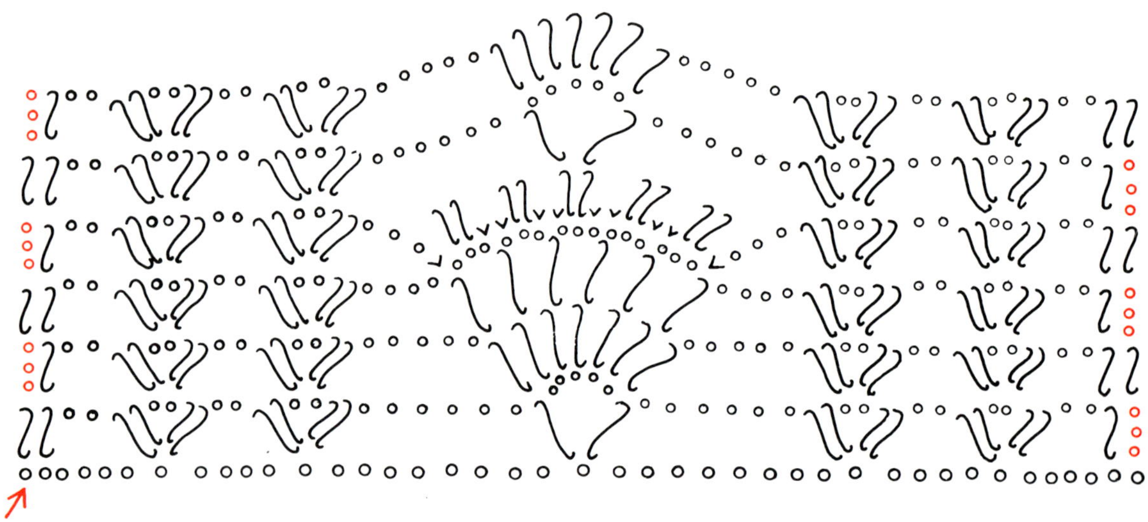

2

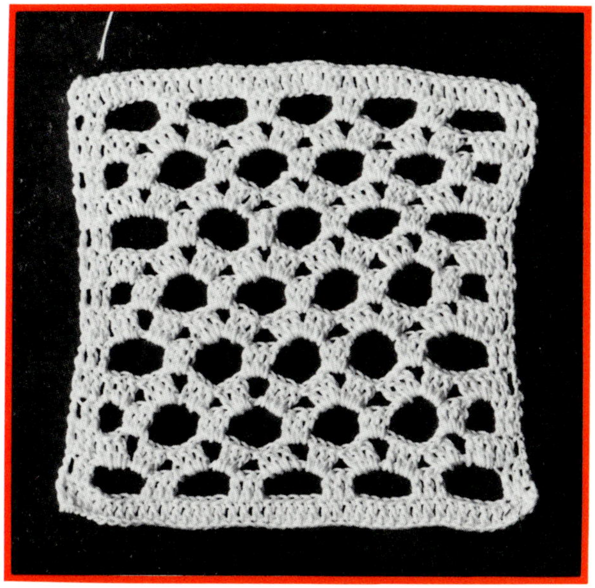

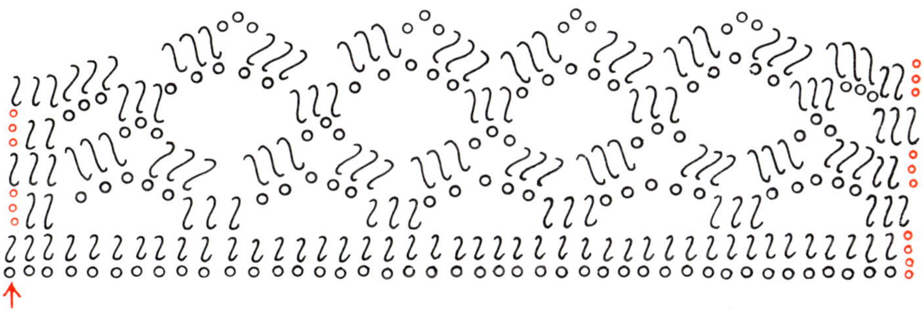

3

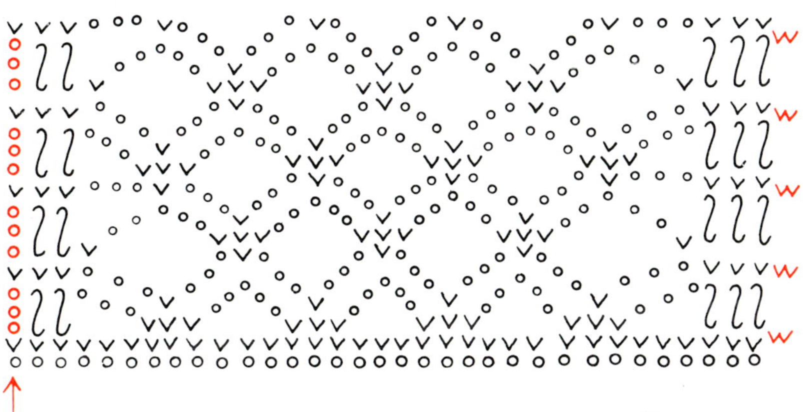

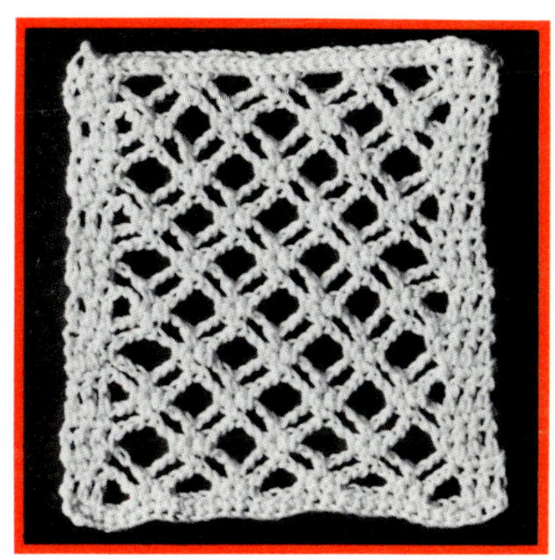

4

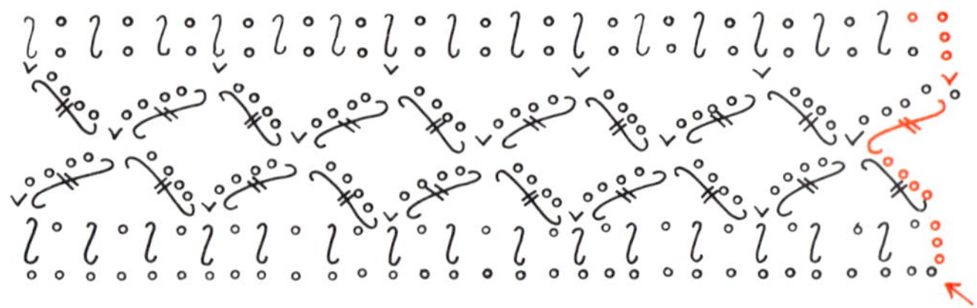

In Runden arbeiten; Rapport = 7 M

5

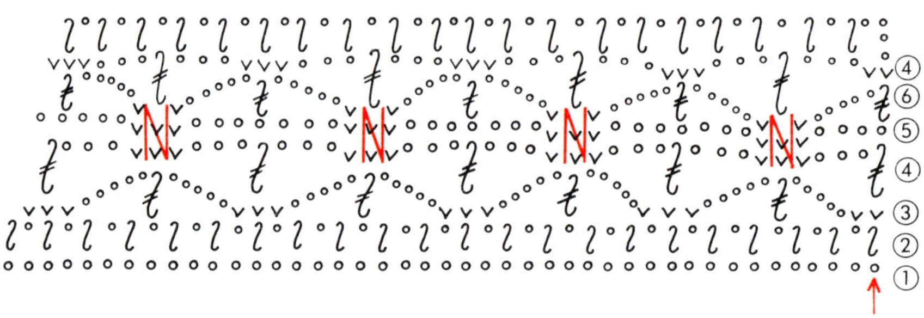

In Runden oder Längsreihen arbeiten, Reihe 4, 5 und 6 beliebig oft wiederholen
In der 6. Reihe statt der mittleren festen Masche die Noppe wie folgt arbeiten: 5 Stäbchen in das oberste Glied des darunterliegenden Doppelstäbchens, zusammen abmaschen

6

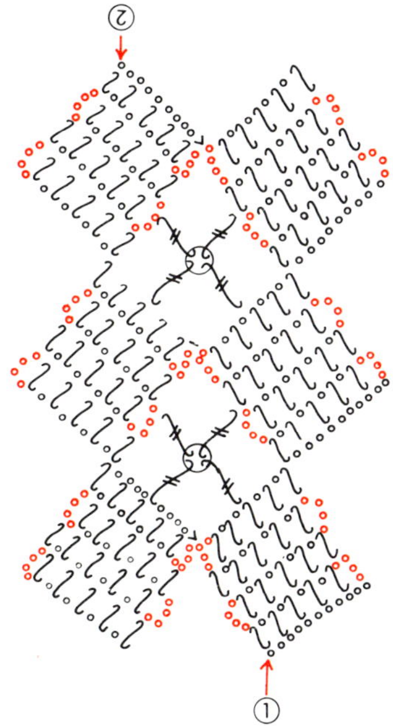

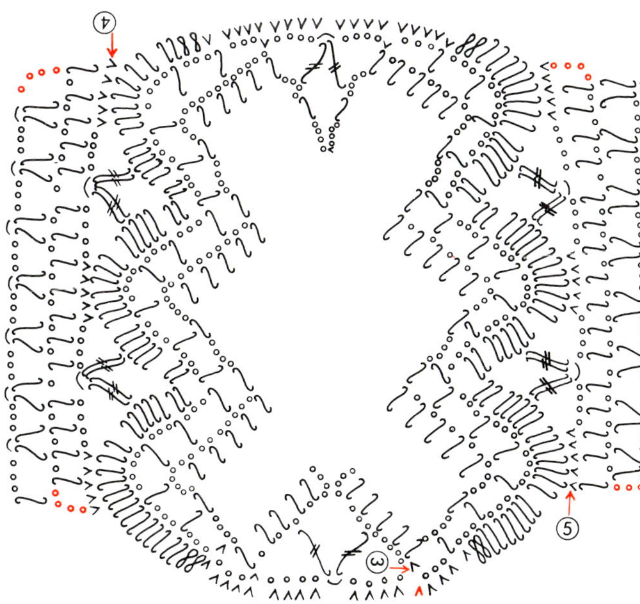

= Im Arbeitsgang 2 durch 4 zusammenabgemaschte Doppelstäbchen den 1. Teil anhängen. Dafür an der angegebenen Stelle den Faden 4 x um die Nadel legen und in das darunterliegende Quadrat einstechen, 2 Umschläge abmaschen, Faden erneut 2 x um die Nadel legen und in das 1. Quadrat aus Arbeitsgang 1 einstechen, 2 Umschläge abmaschen usw. Zuletzt alle 4 Umschläge paarweise abmaschen und in der Häkelrichtung weiterarbeiten

7

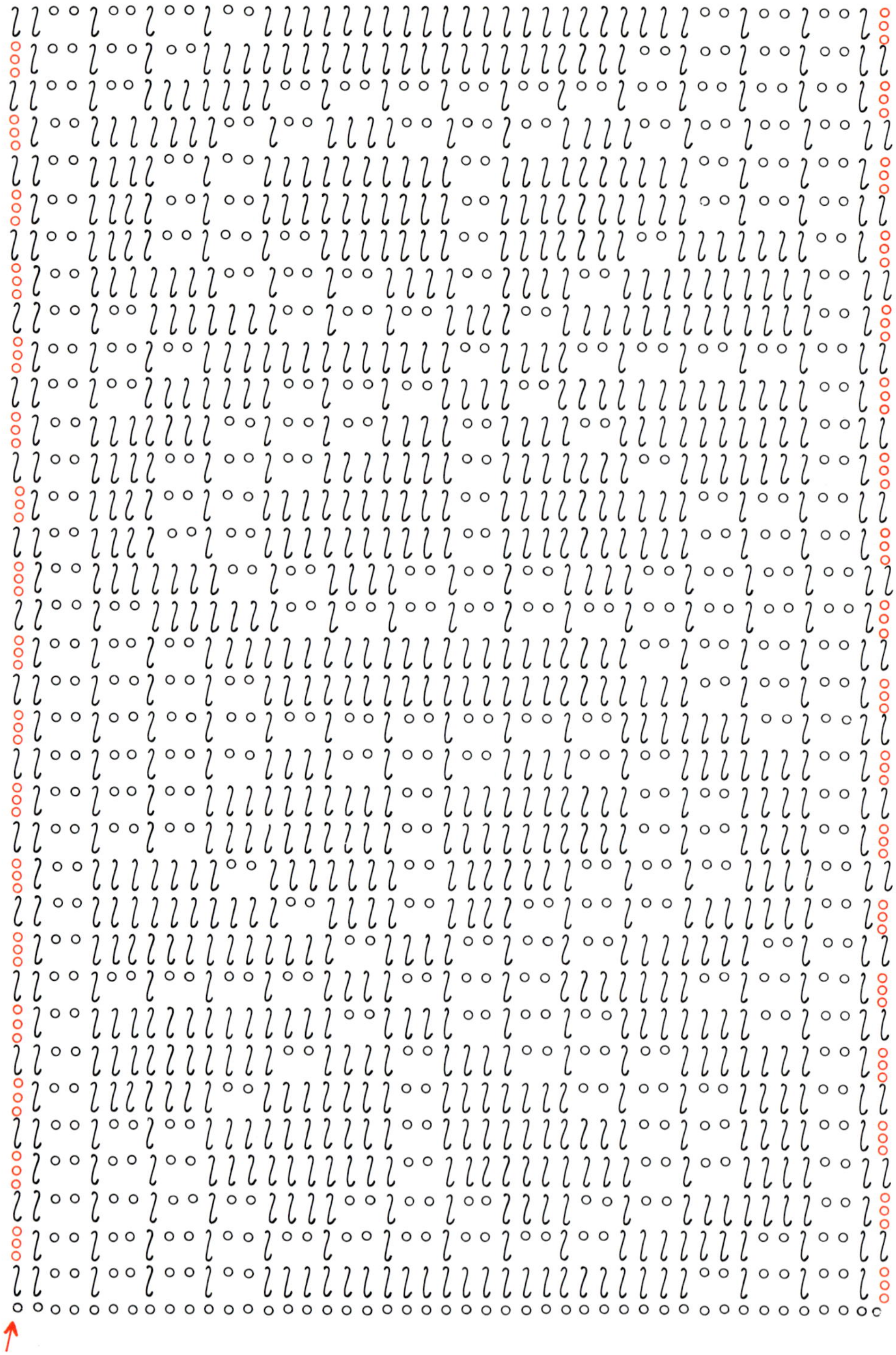

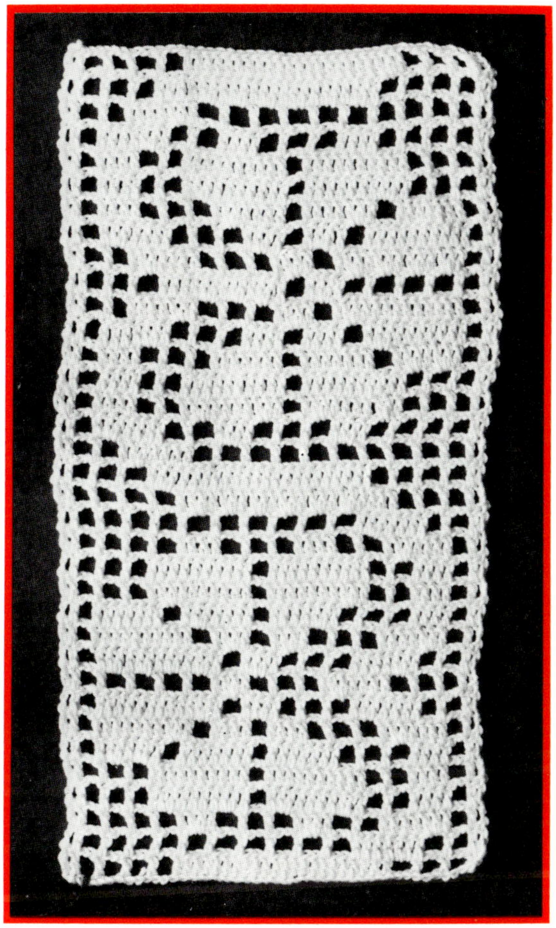

8

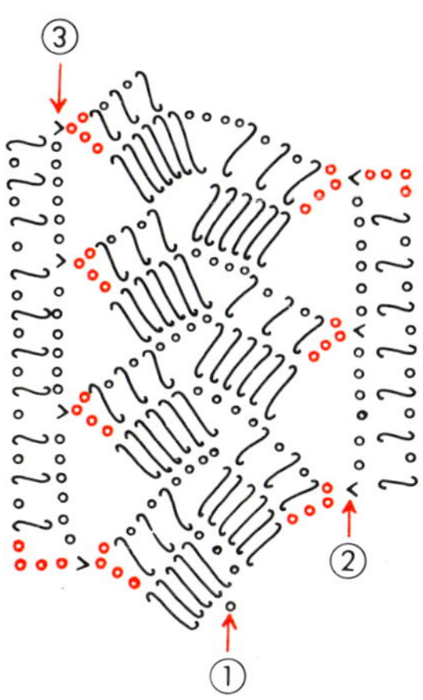

9

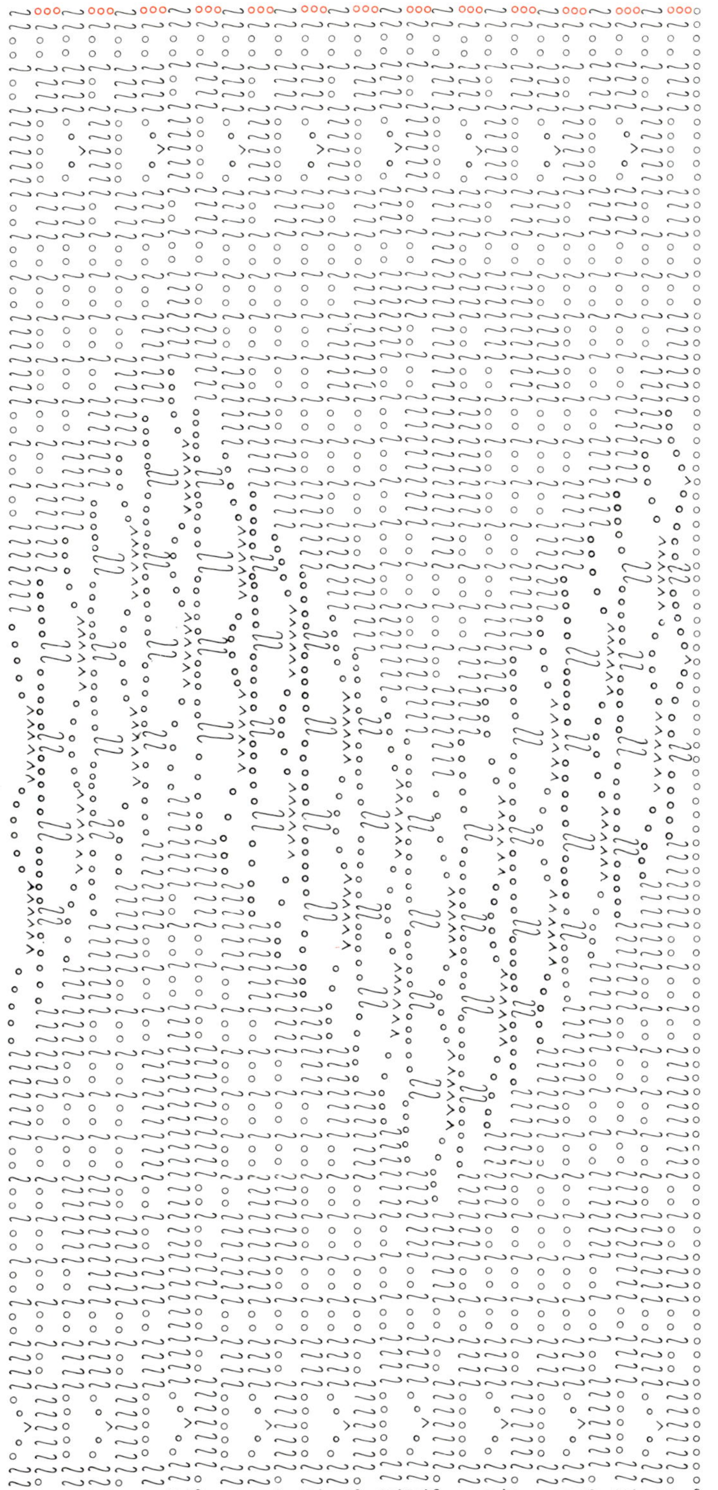

10

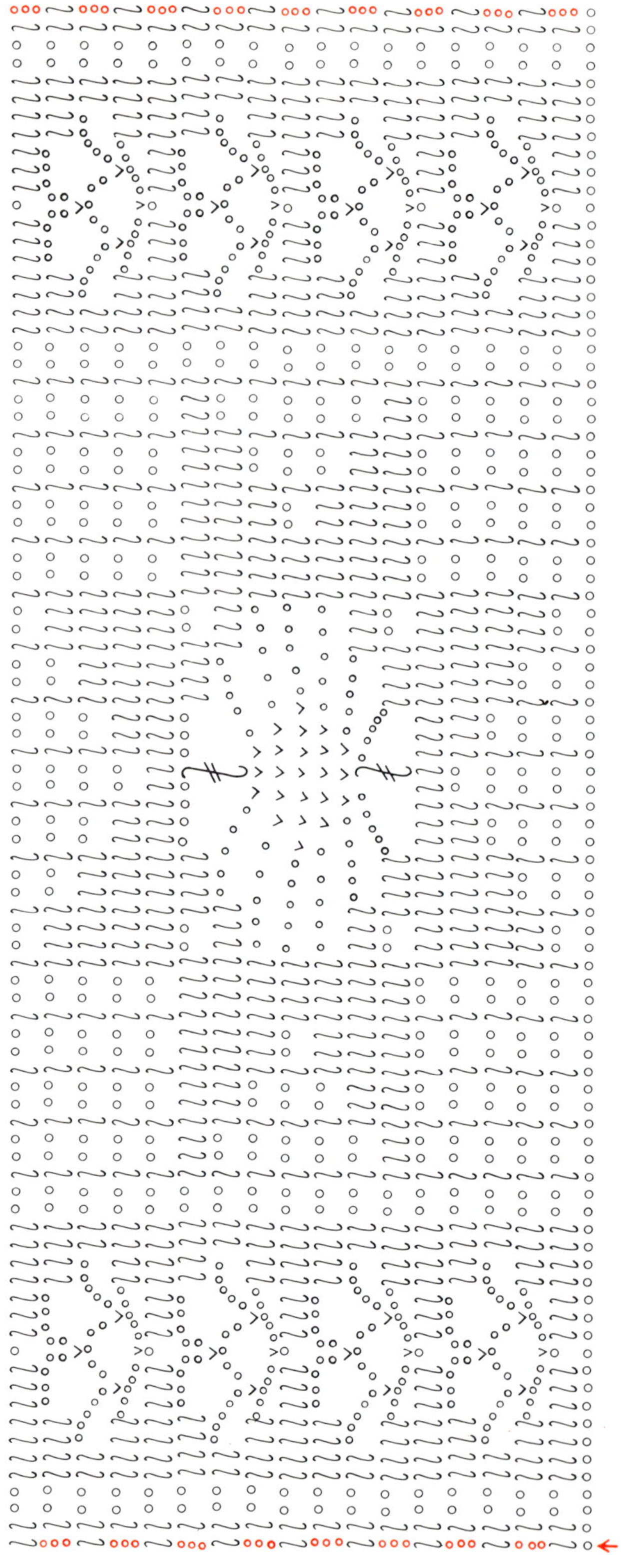

In der Sternmitte die festen Maschen immer ins hintere Maschenglied einstechen

Spitzen mit passenden Einsätzen

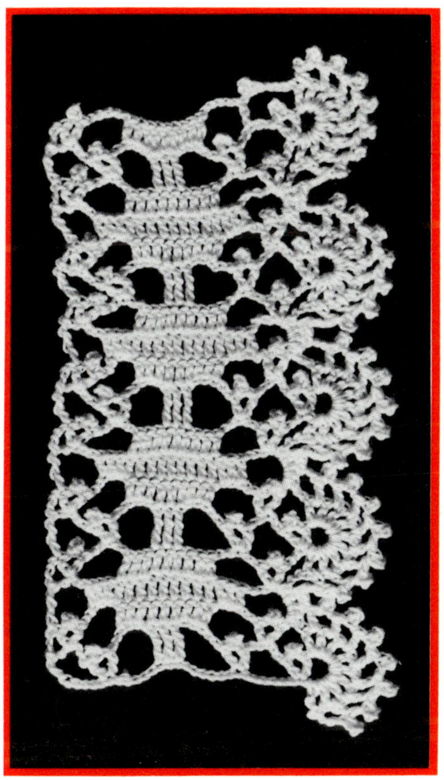

1

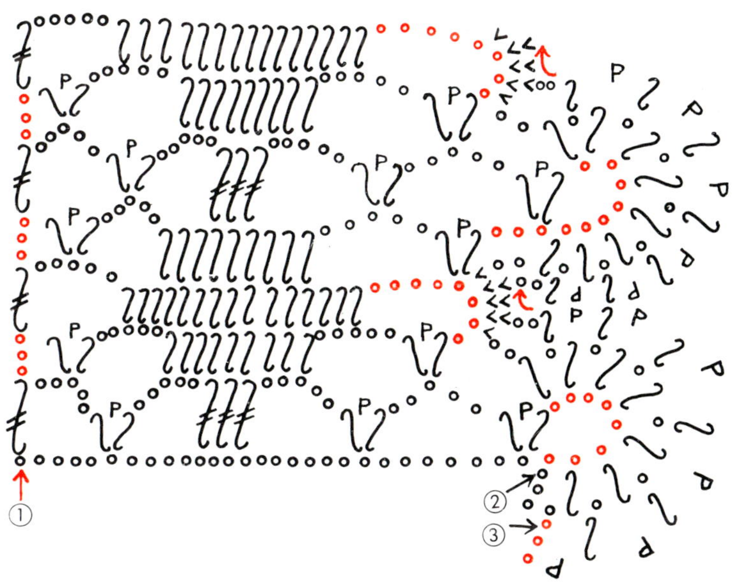

Passender Einsatz auf Seite 78

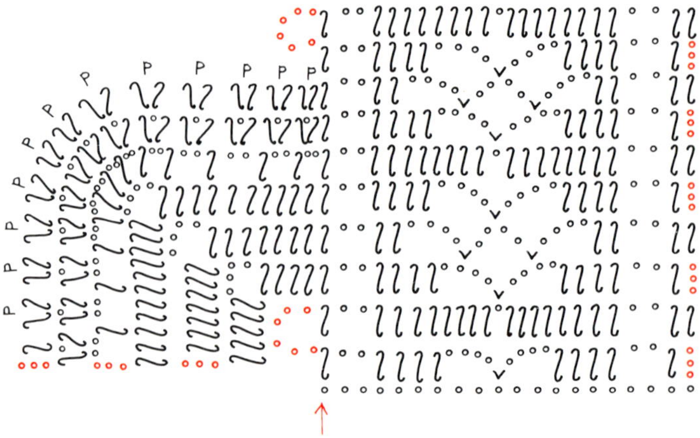

2

3

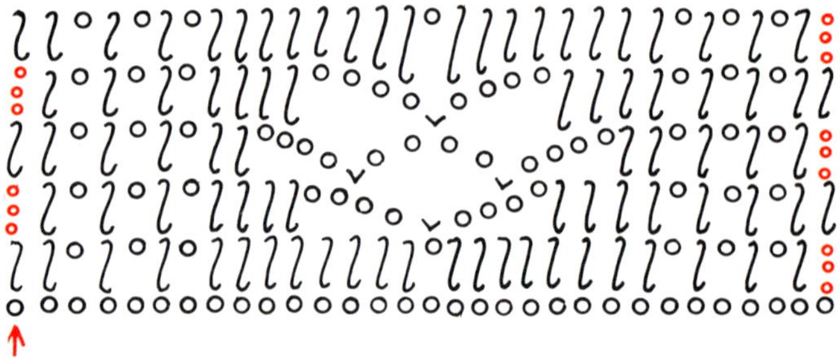

4

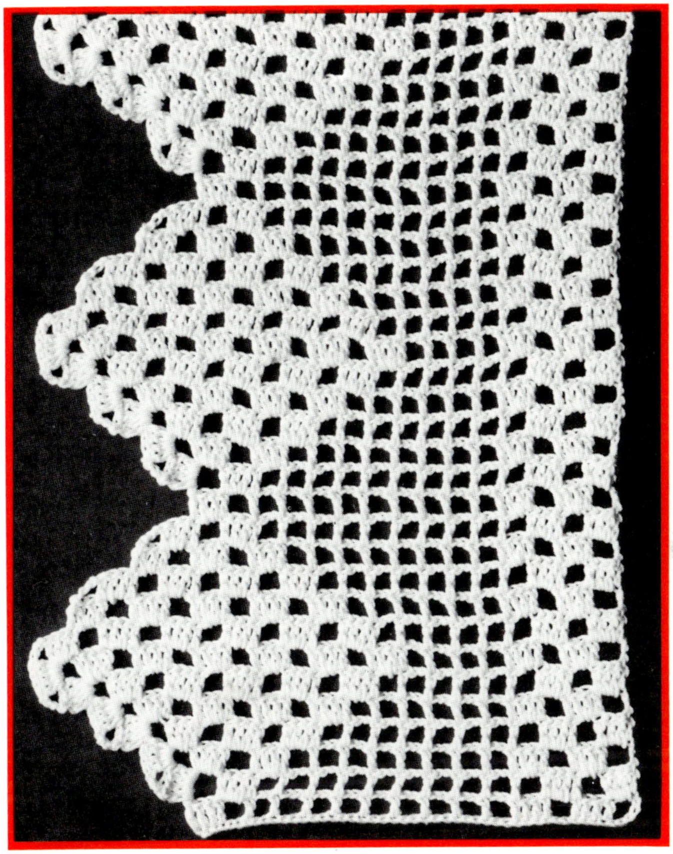

Passender Einsatz auf Seite 78

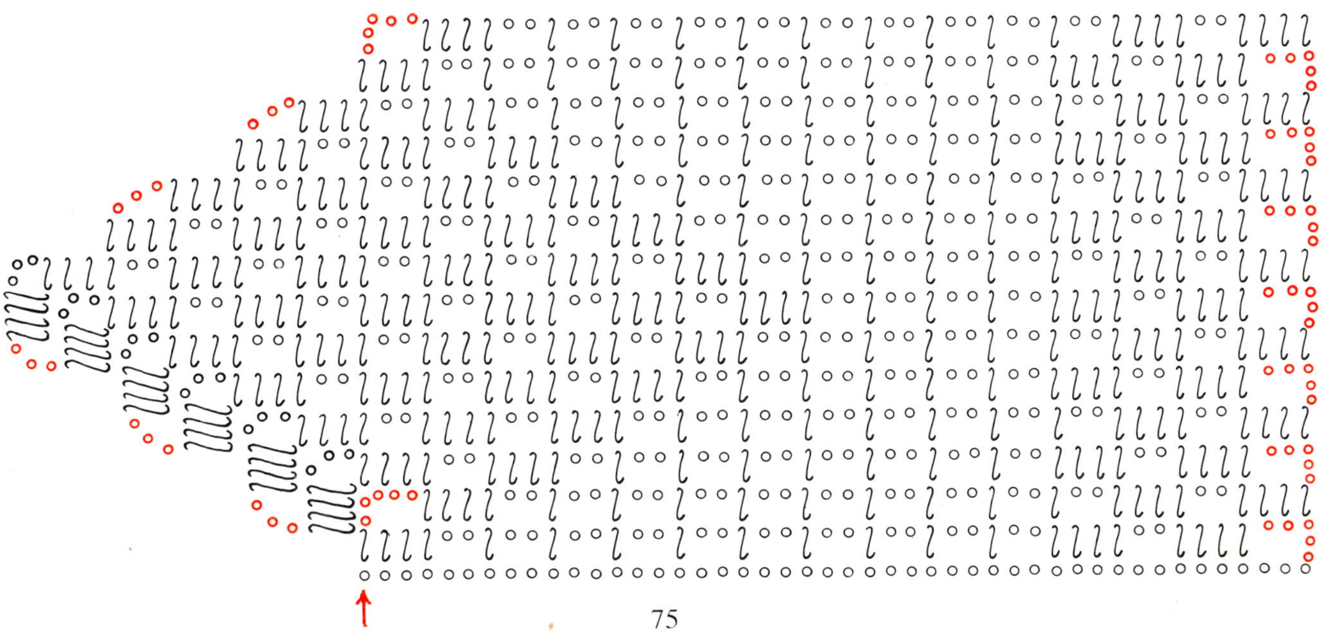

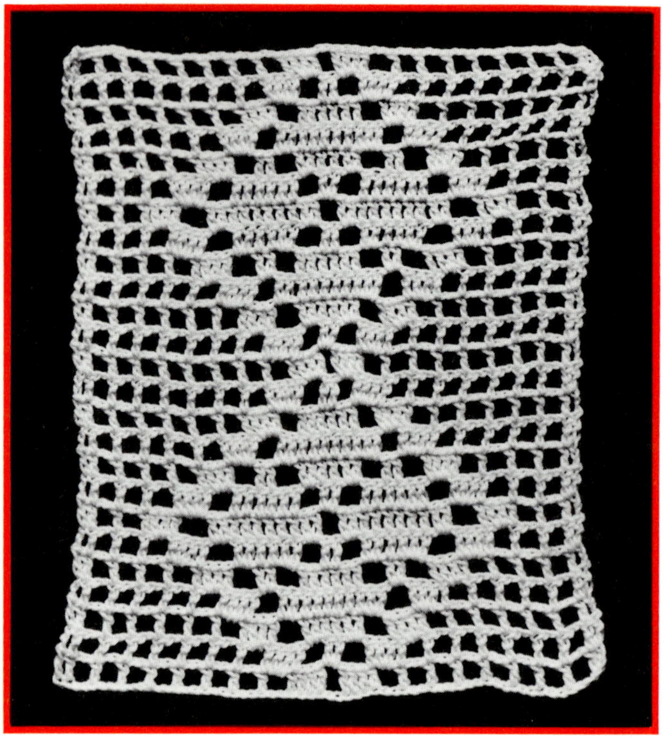

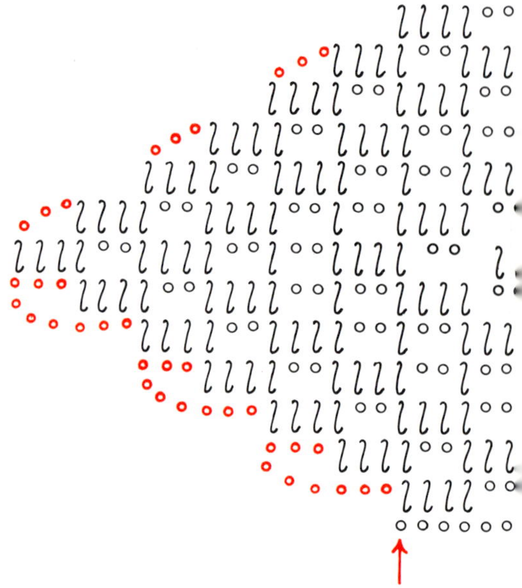

5

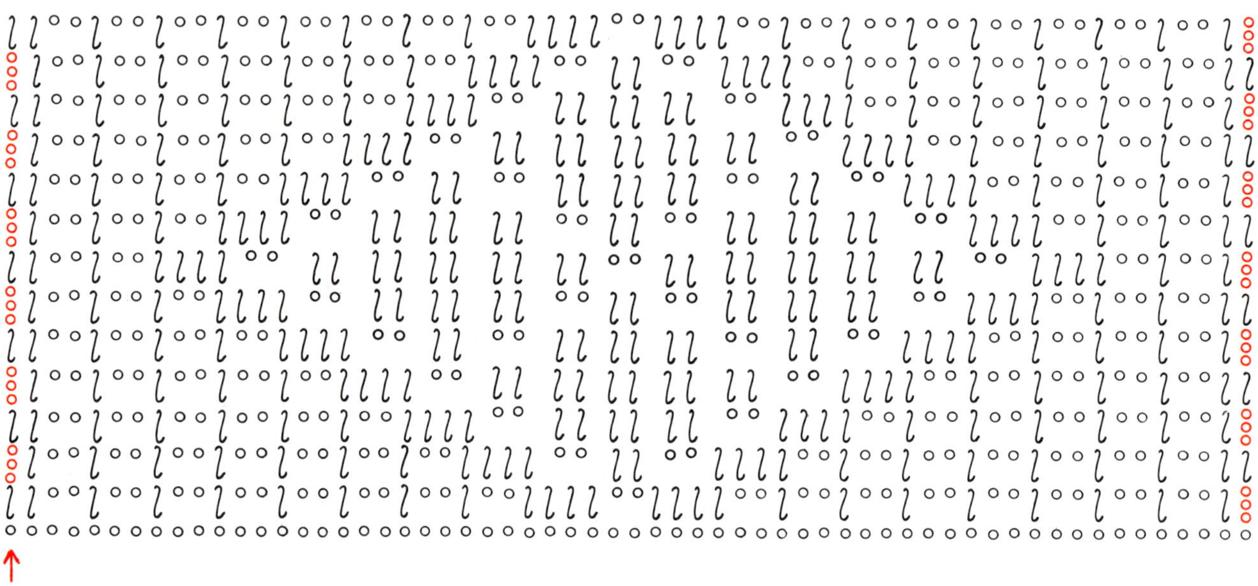

6

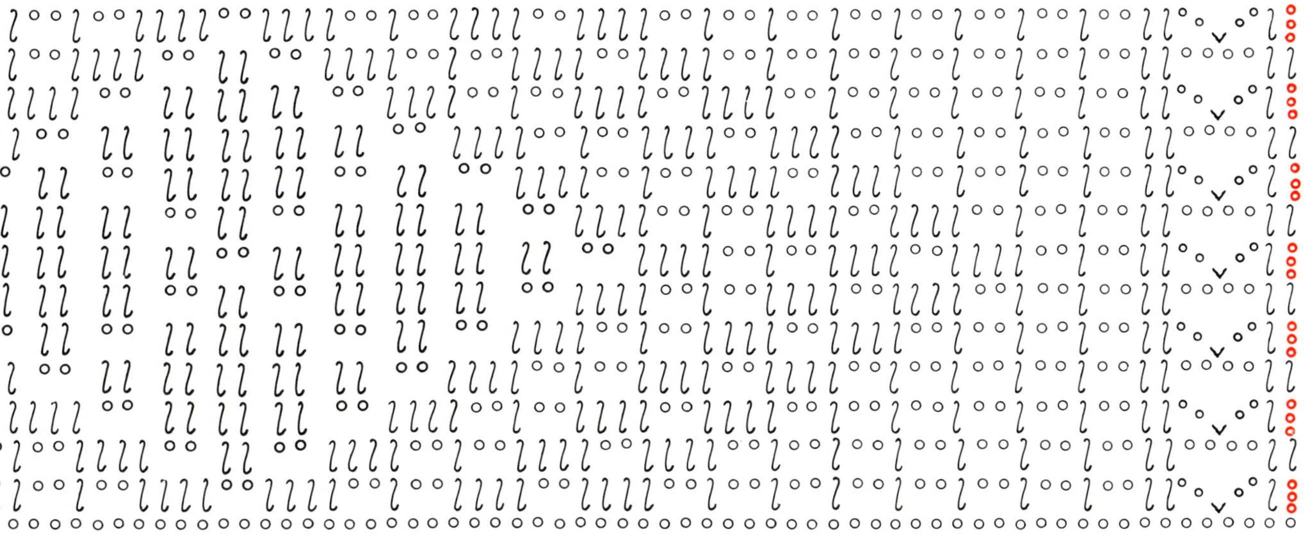

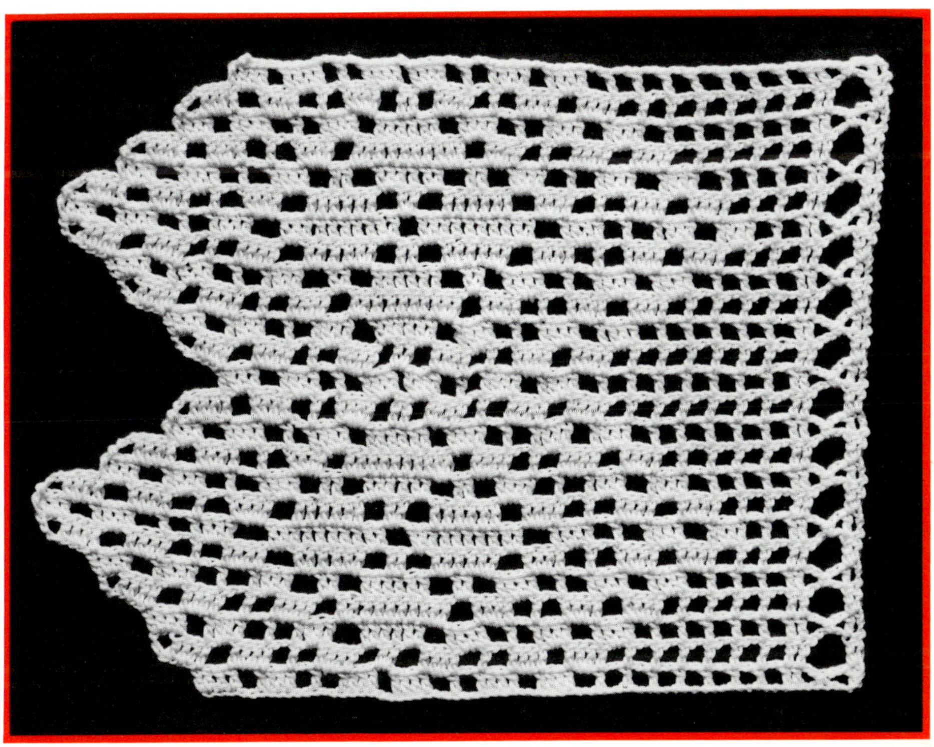

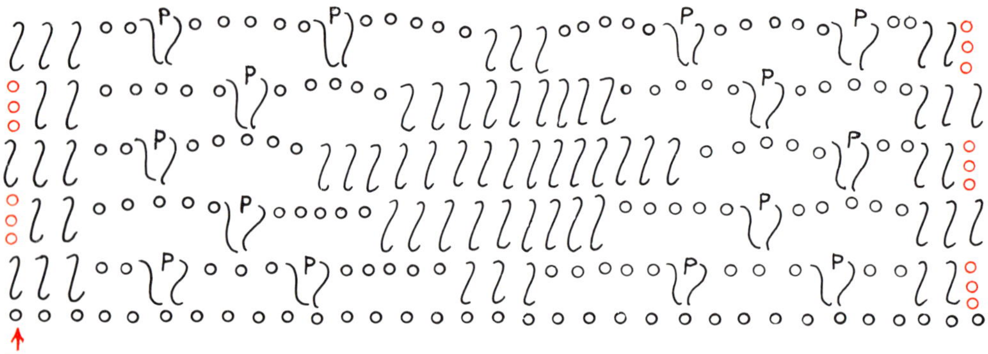

7

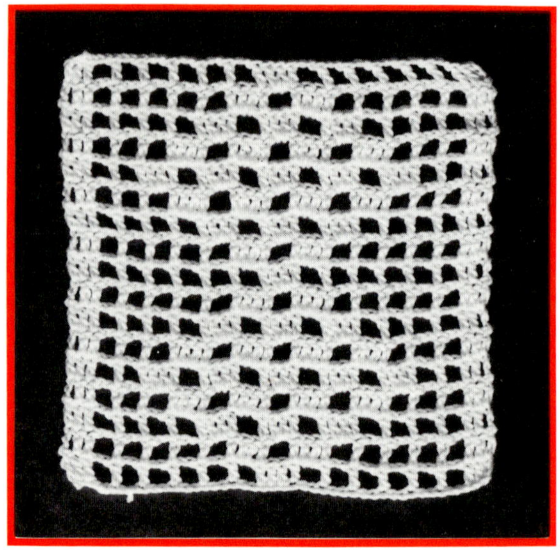

Vergleiche dazu Seite 73 und 75

8

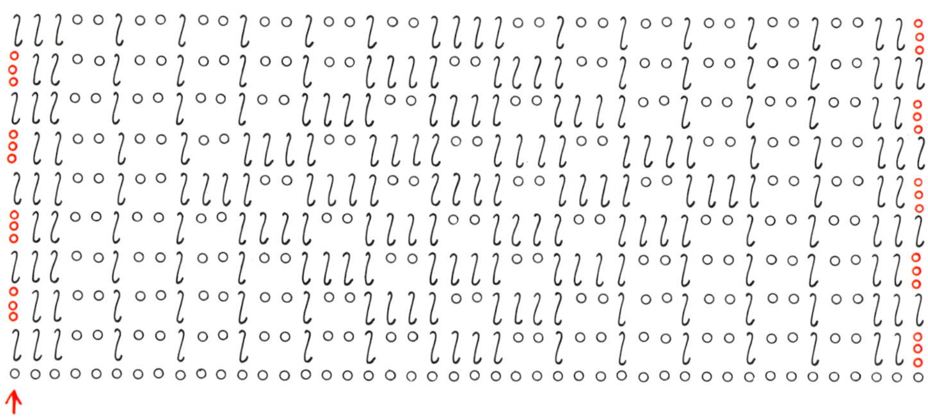

9

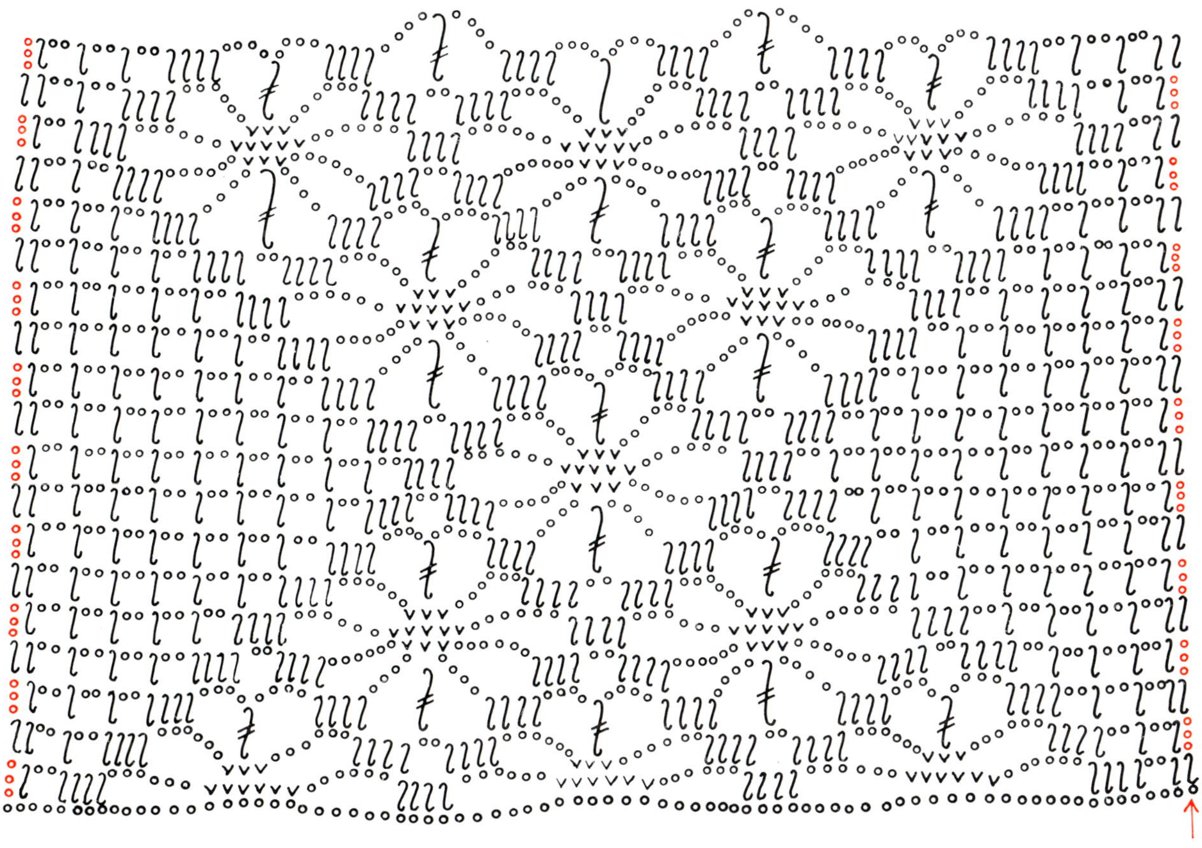

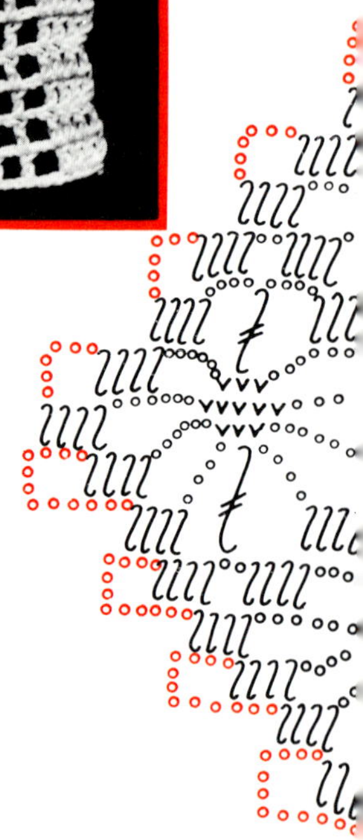

In hin- und hergehenden Reihen arbeiten
In der 3. Reihe 3 Doppelstäbchen zunehmen; dabei für das neue Doppelstäbchen in die unterste Schlaufe des vorhergehenden Doppelstäbchens einstechen.

10

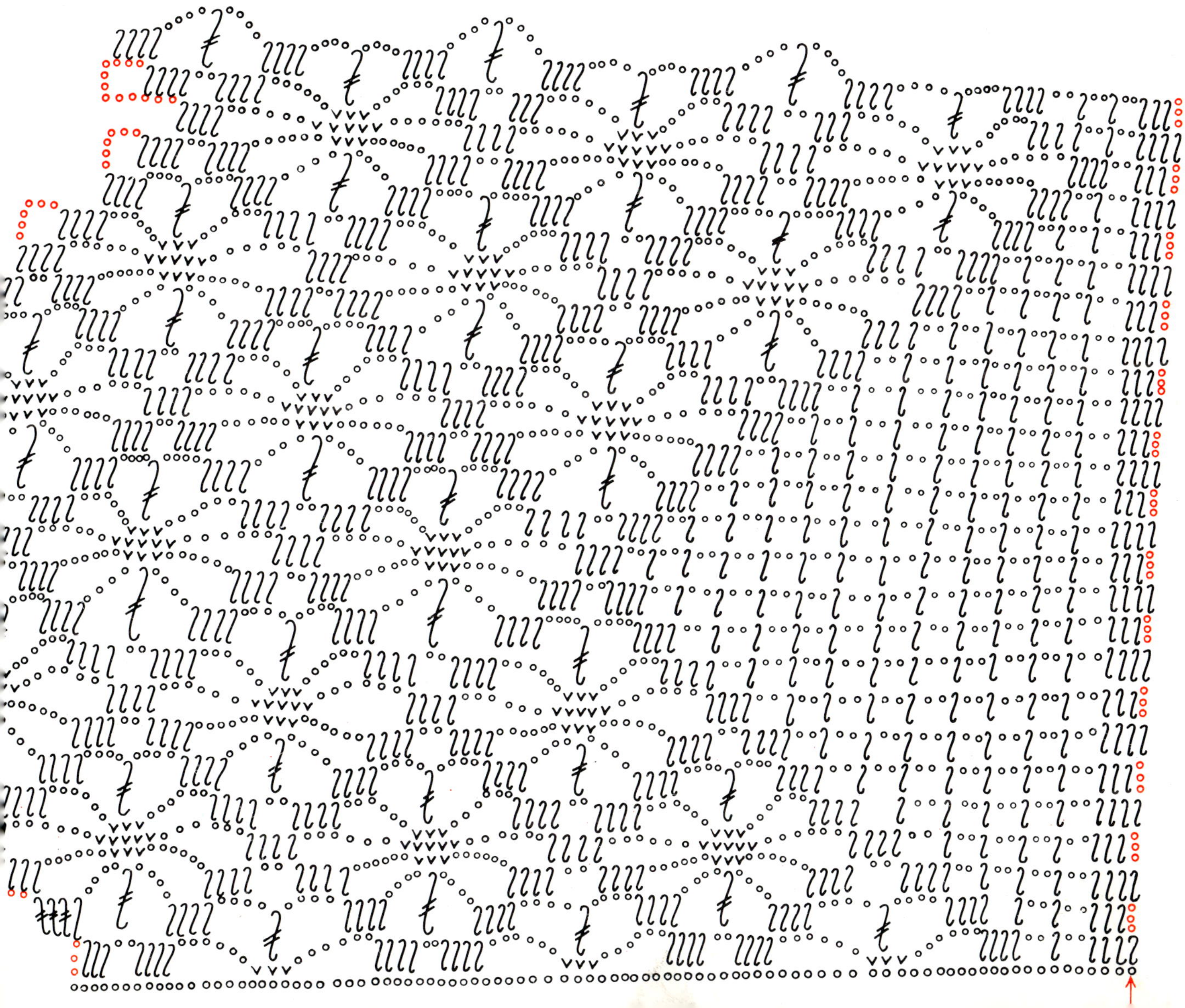

Spitzen mit Zackenlitzen

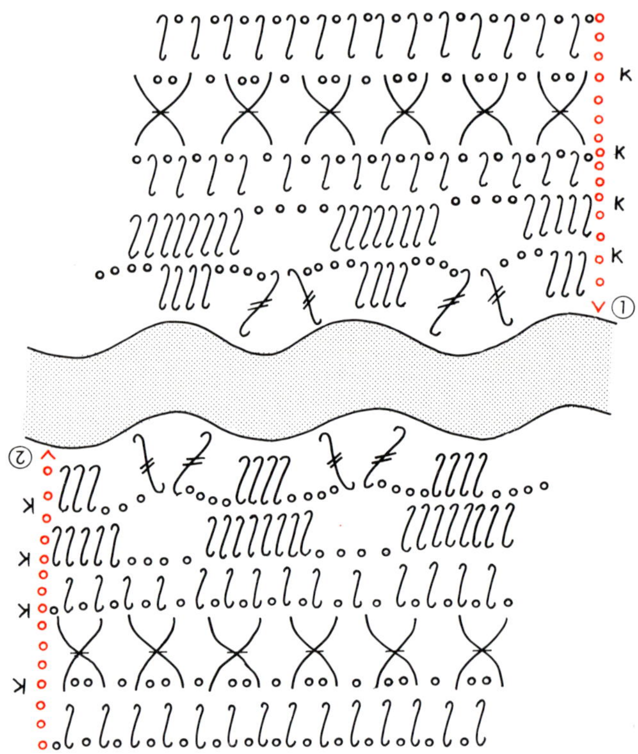

1

In Runden arbeiten

Die Zackenlitze doppelt nehmen und umeinander herumwinden (siehe Foto)
Kann in Runden oder hin- und hergehenden Reihen gearbeitet werden

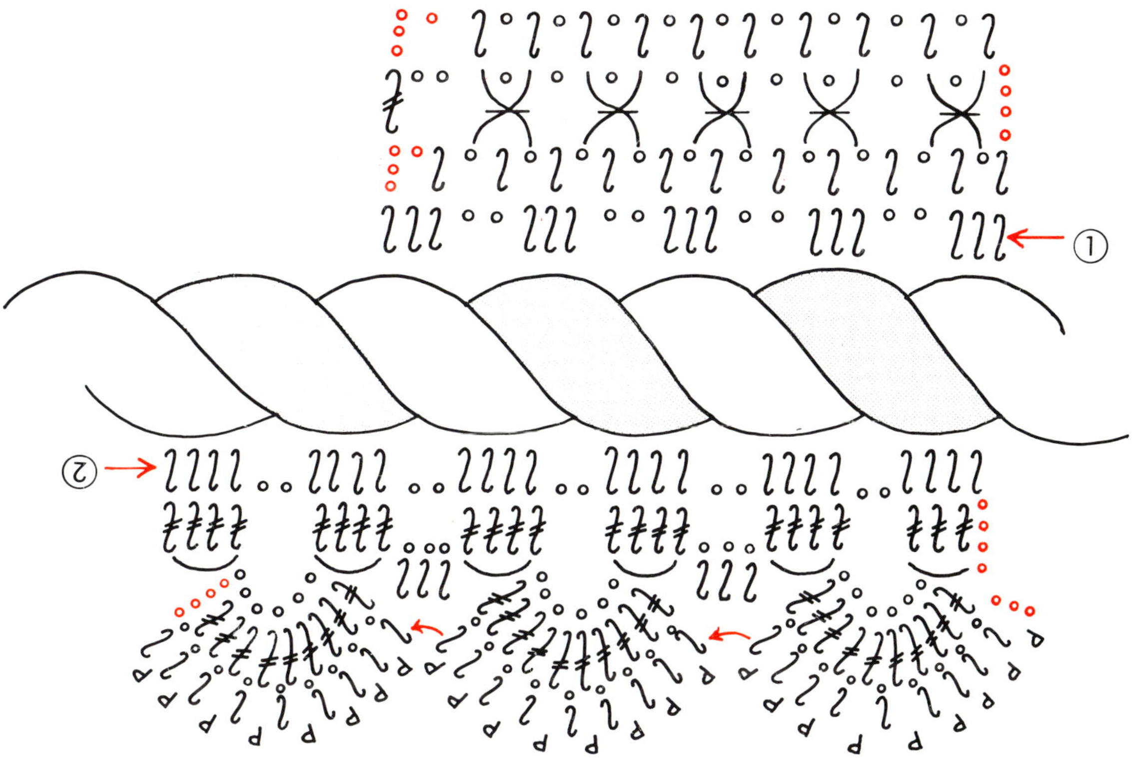

3

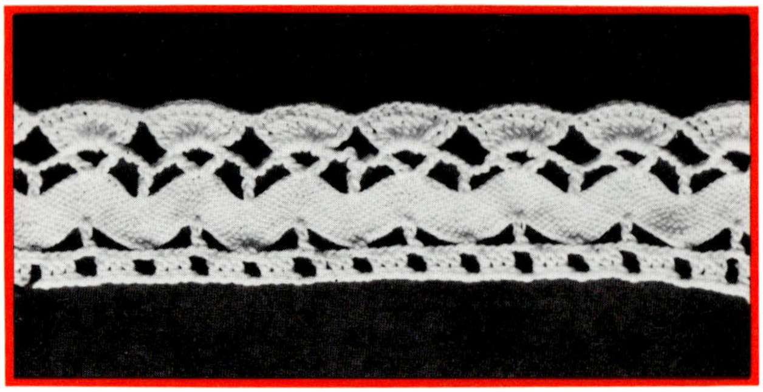

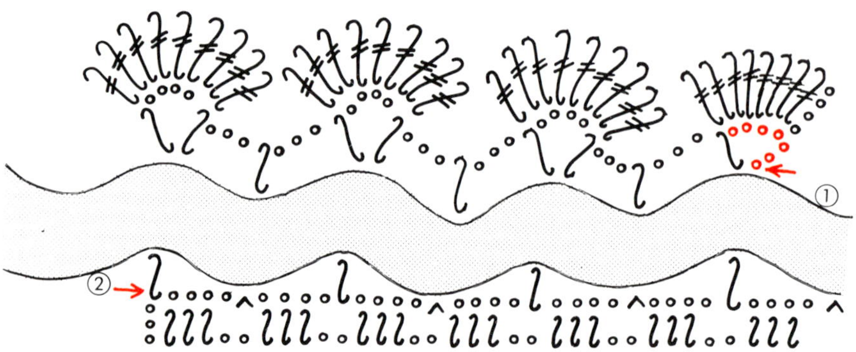

In Runden arbeiten

4

5

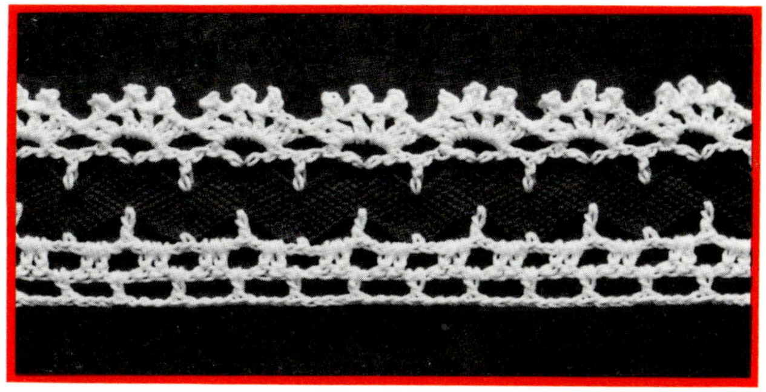

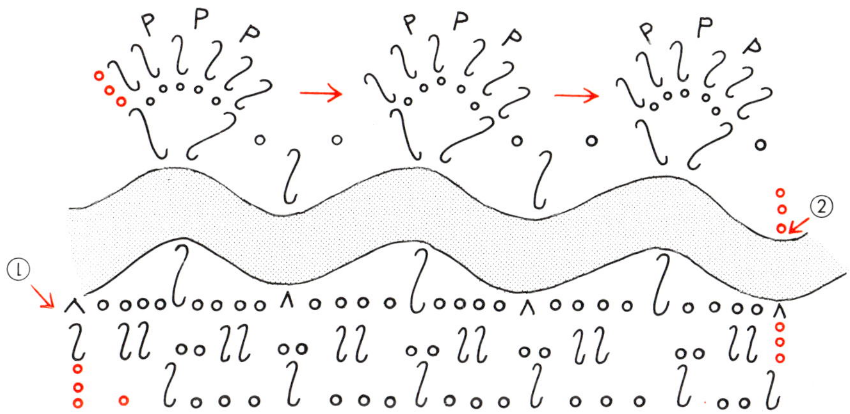

Kann in Runden oder hin- und hergehenden Reihen gearbeitet werden

6

In Runden arbeiten
4 = vier Spitzen der Zackenlitze mit der Häkelnadel durchstechen und den Faden durch alle 4 Spitzen zu einer festen Masche ziehen
1 = eine Spitze der Zackenlitze mit einer festen Masche anhäkeln

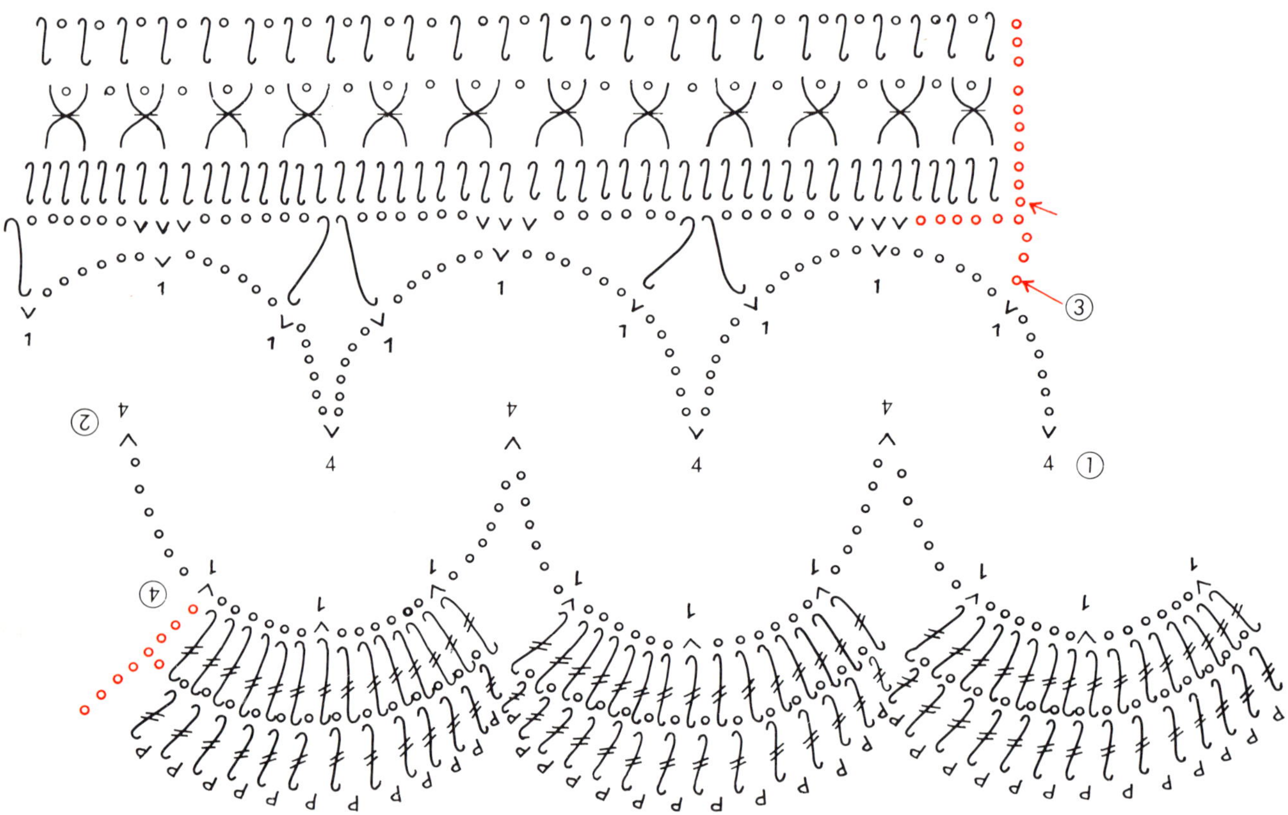

Spitzen mit Luftmaschenketten

1

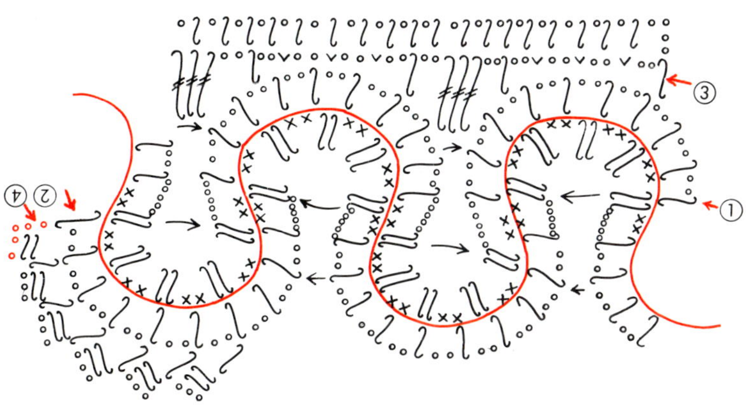

2

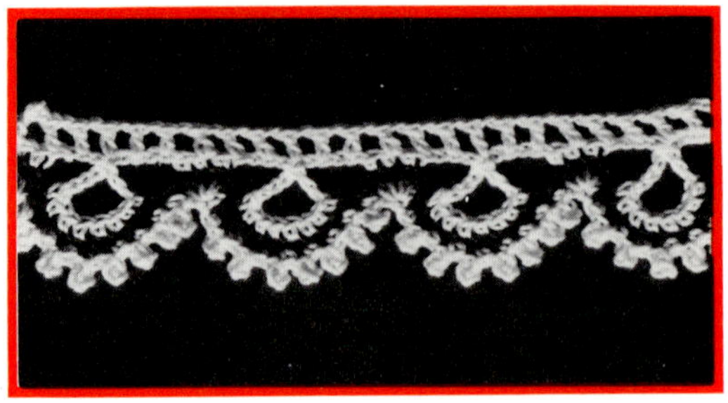

In Runden arbeiten

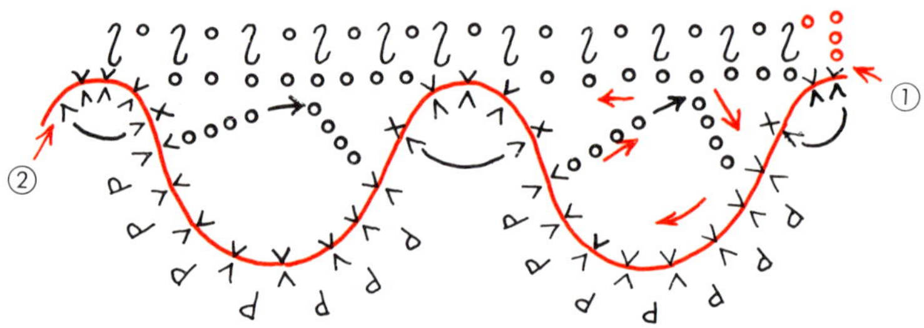

3

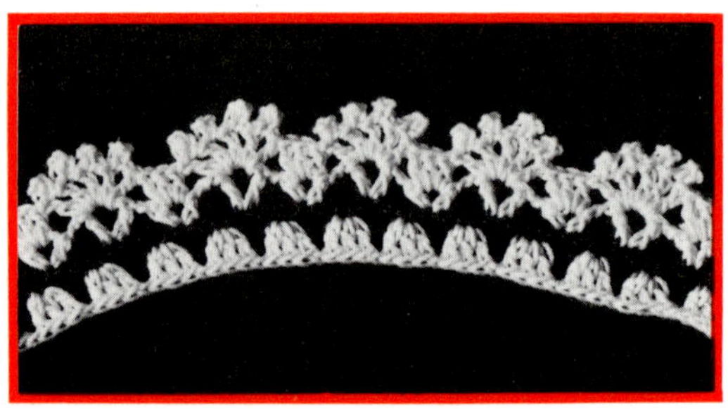

In Runden oder hin- und hergehenden Reihen arbeiten

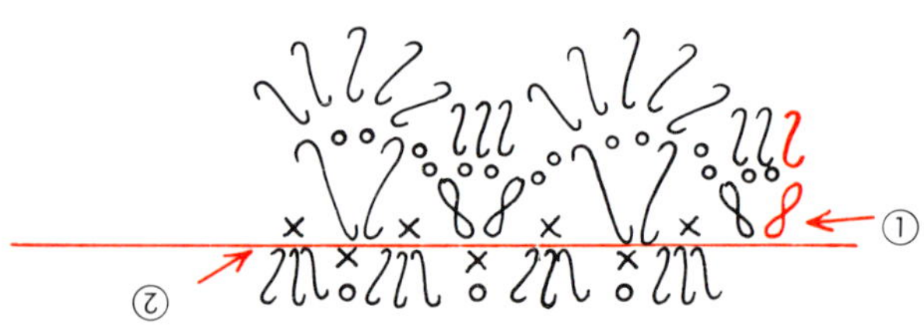

4

In Runden arbeiten
⌒ = 4 Luftmaschen

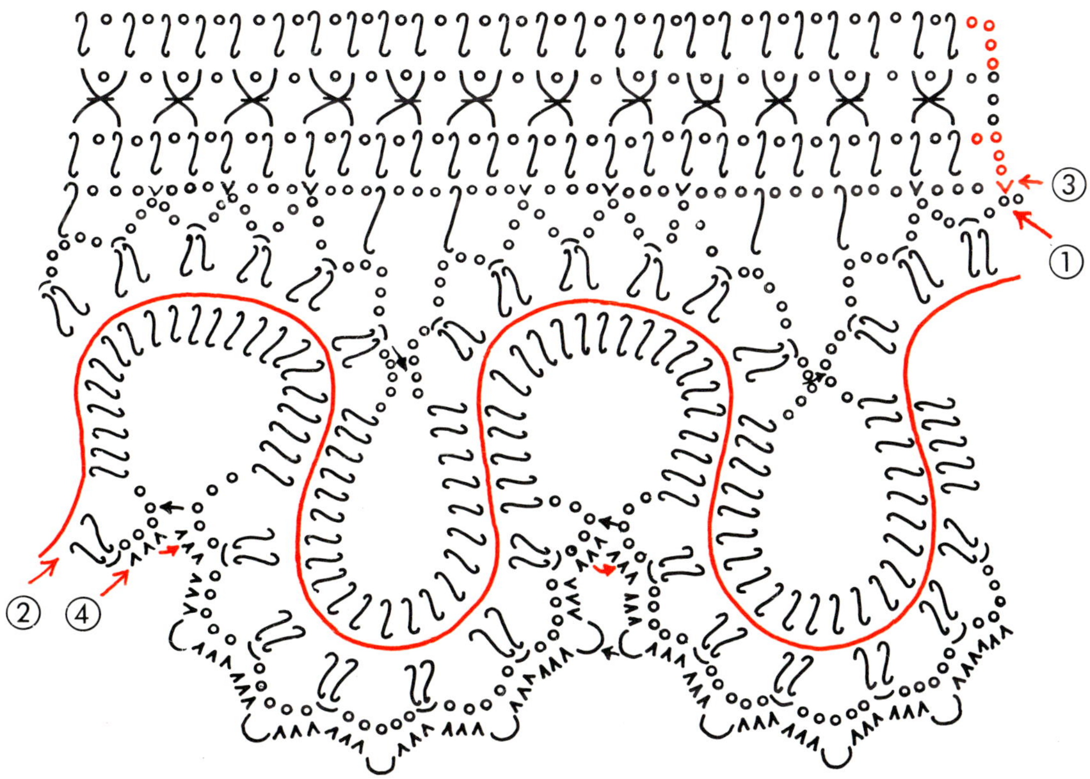

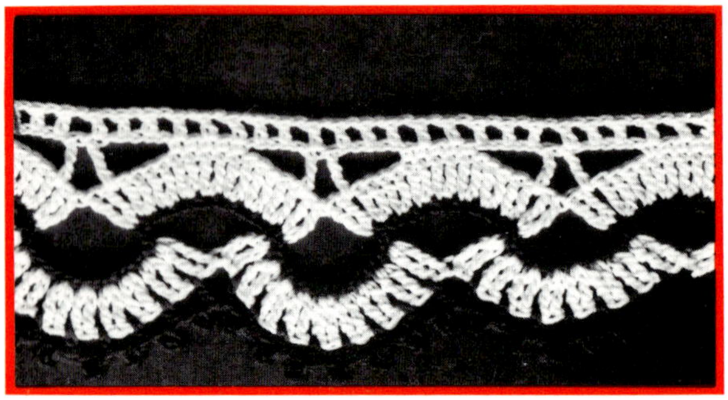

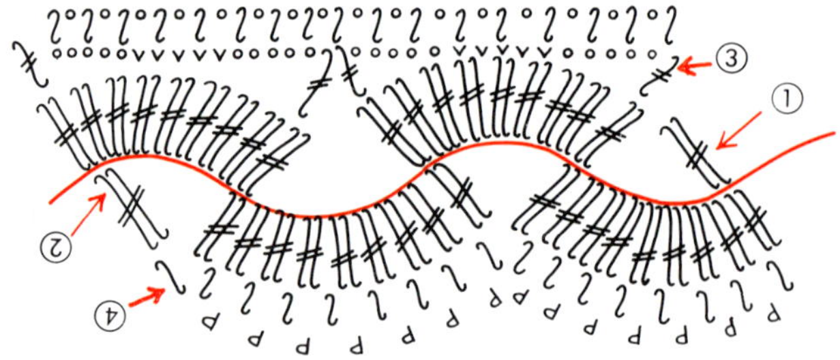

5

In Runden oder hin- und hergehenden Reihen arbeiten
= je 2 Doppelstäbchen in eine Luftmasche der Kette arbeiten

6

In Runden arbeiten

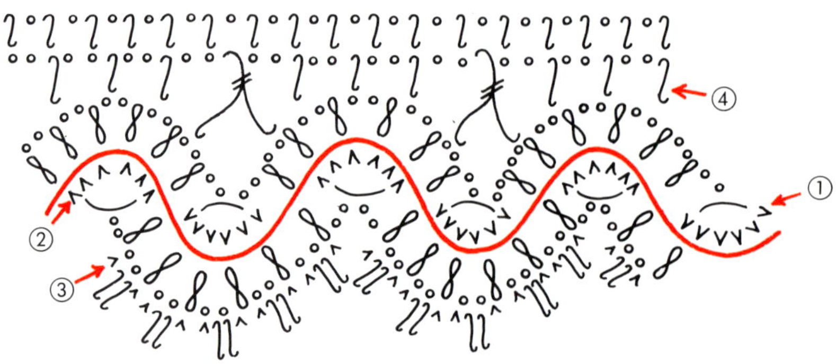

7

In Runden arbeiten
ʅʅ = je 2 Stäbchen in eine Luftmasche der Kette arbeiten

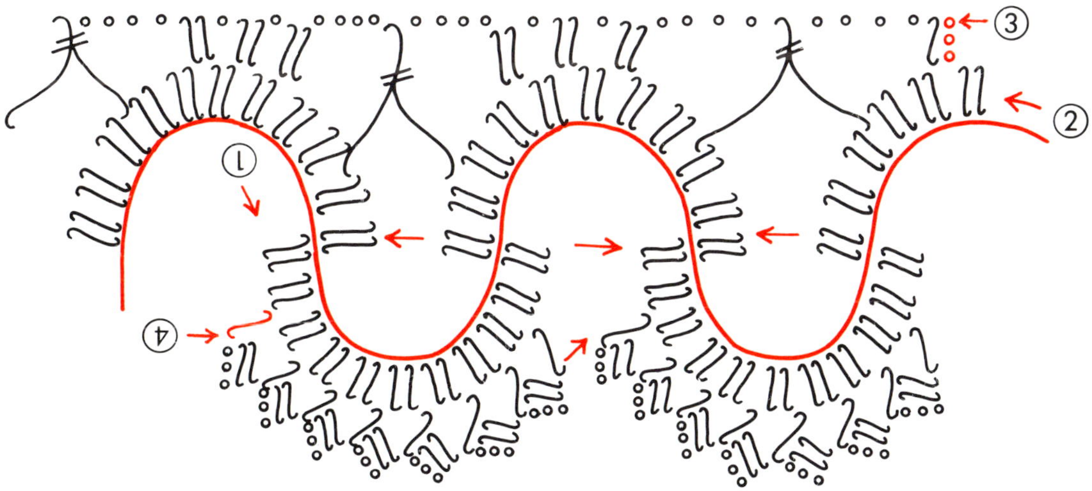

Spitzen an Borten

1

In Runden arbeiten: Rapport = 8 M

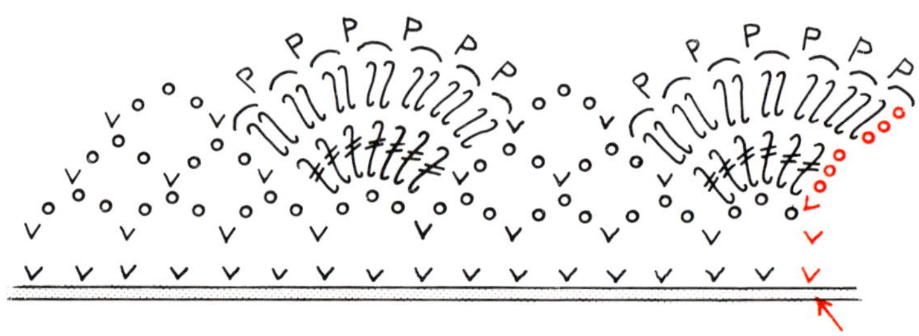

2

In Runden arbeiten

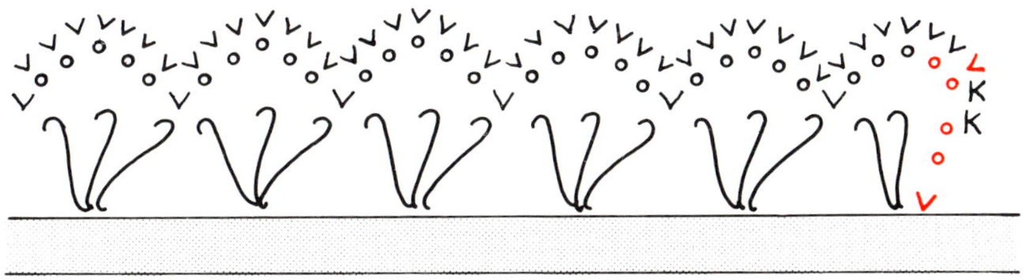

3

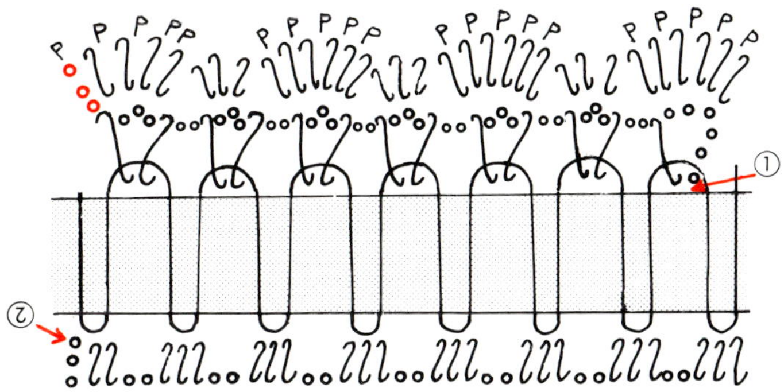

4

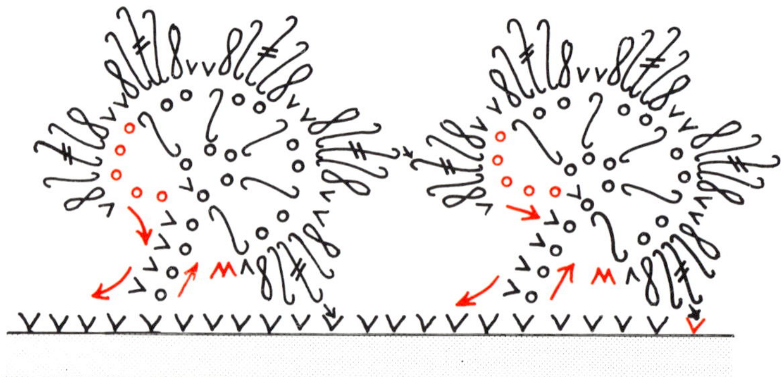

5

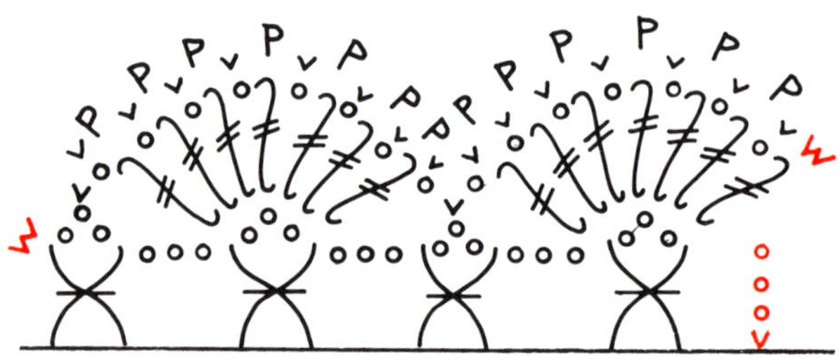

6

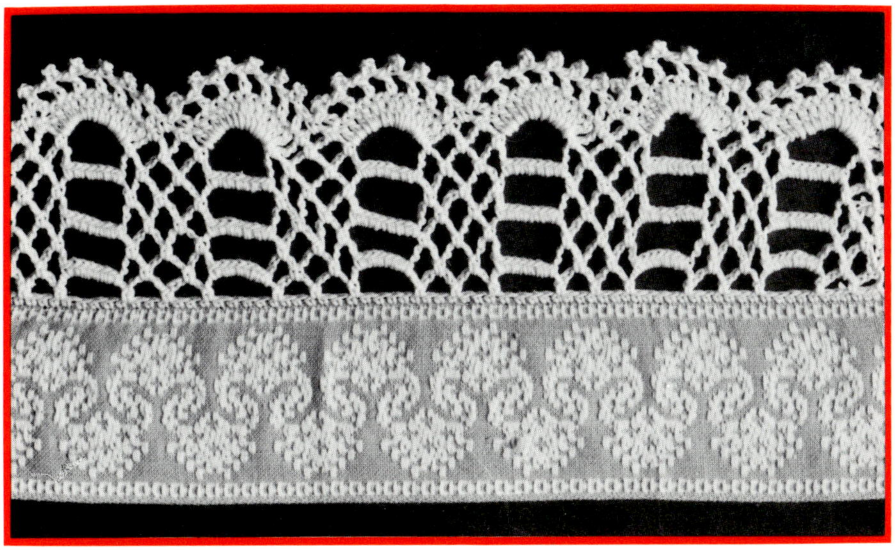

In Runden arbeiten: Rapport = 11 M

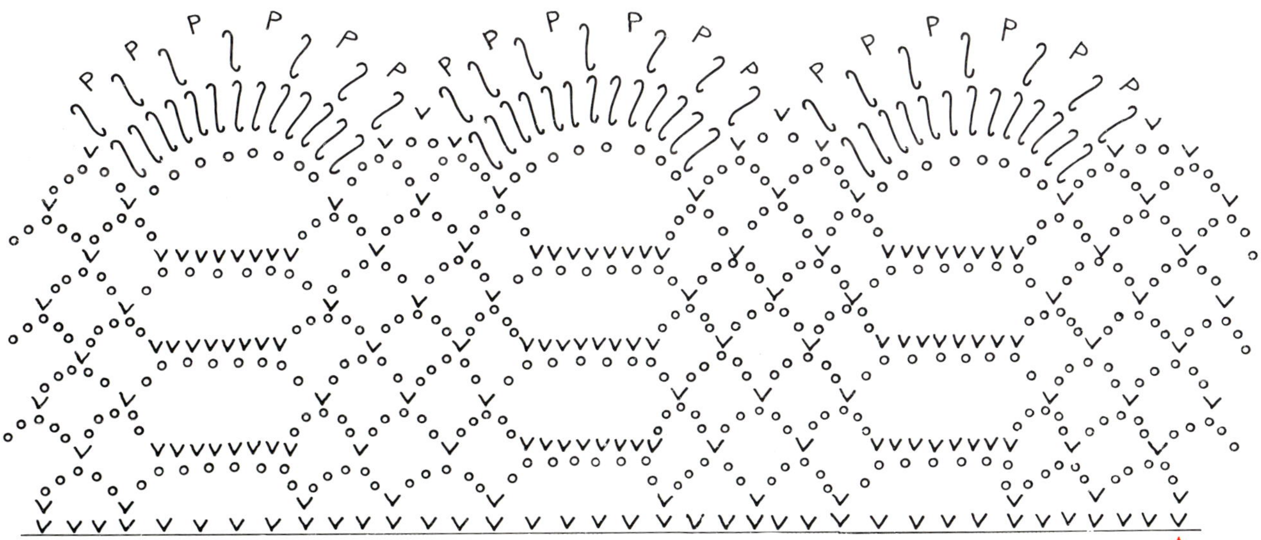

Rüschen

1

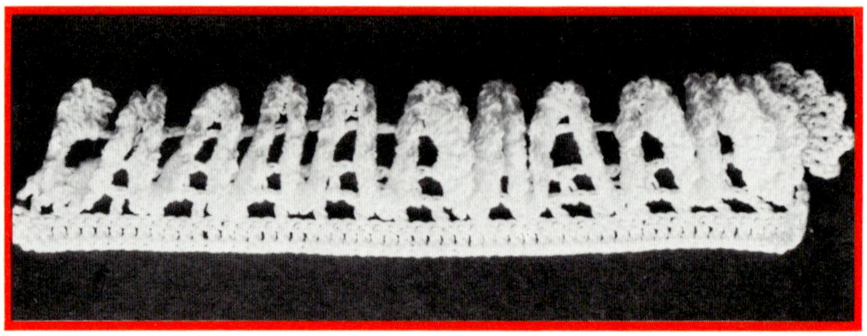

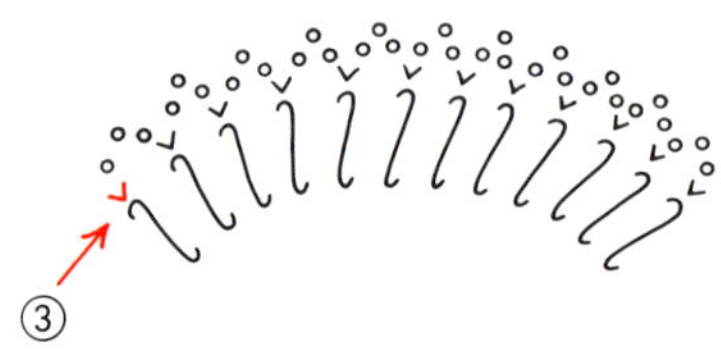

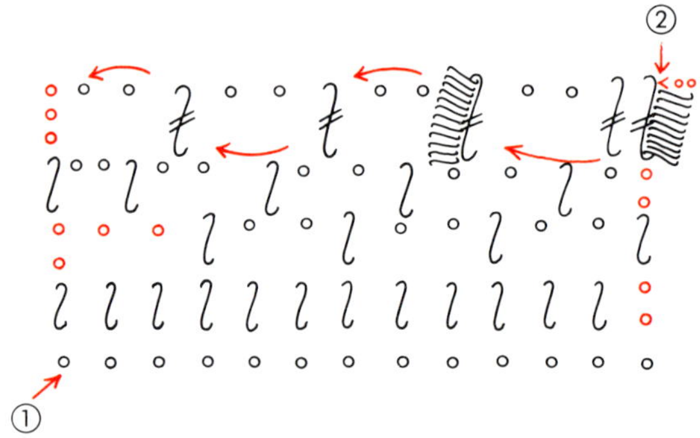

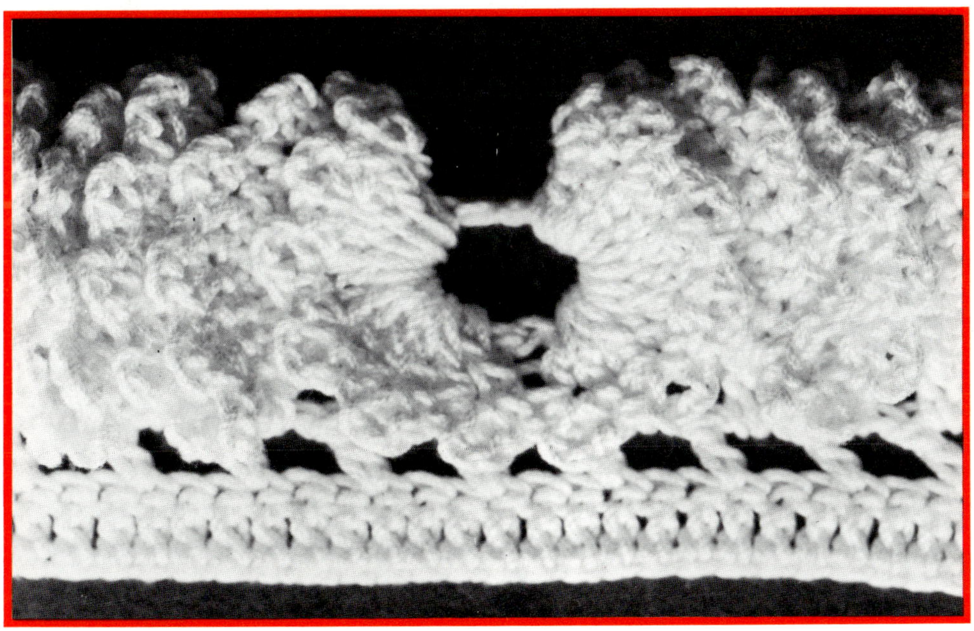

In hin- und hergehenden Reihen arbeiten
Rapport = 3 M
Im 3. Arbeitsgang werden die entstandenen Stäbchenwindungen mit Luftmaschenbögen behäkelt

2

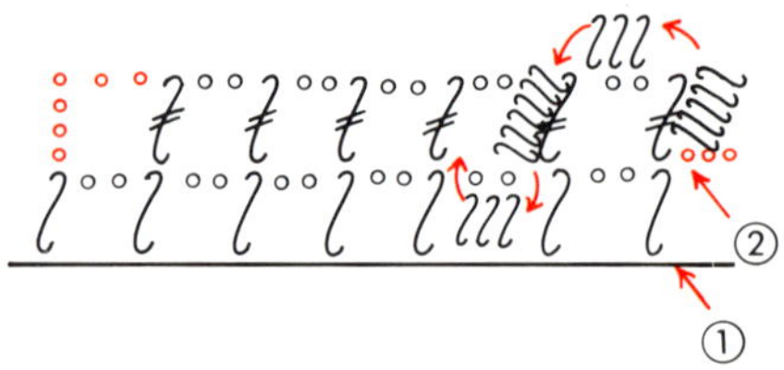

Kann in hin- und hergehenden Reihen oder Runden gearbeitet werden. Diese Rüsche ist direkt an den Stoff gearbeitet. Mit einer Luftmaschenkette als 1. Reihe kann sie auch ohne Stoff gearbeitet werden.

3

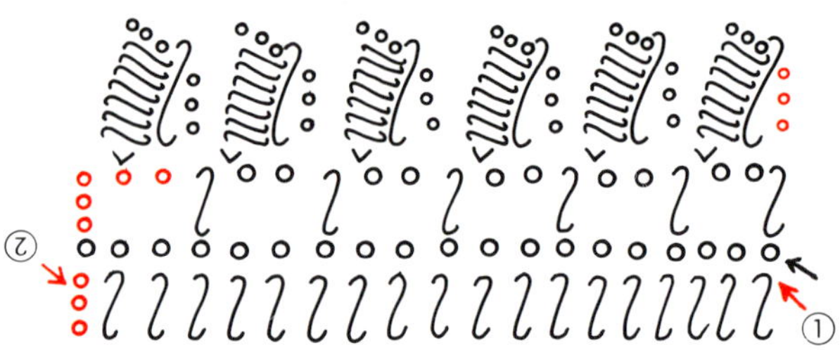

In hin- und hergehenden Reihen arbeiten oder auch in Runden
Wir haben diese Spitze direkt ohne den 2. Arbeitsgang an Kindersöckchen angehäkelt

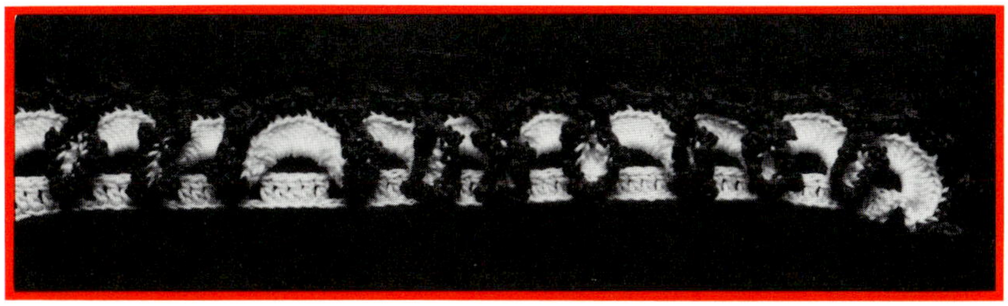

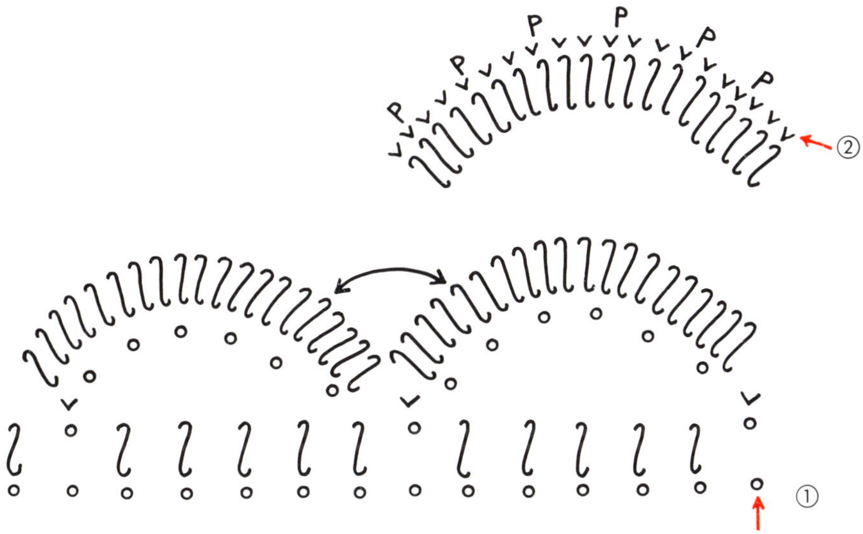

In Runden arbeiten; Rapport = 6 M
1.-4. Runde nach Schrift arbeiten, Arbeitsgang 2 in Kontrastfarbe auf jedes Stäbchen eine feste Masche, nach jeder 3. festen Masche folgt ein Pikot.

Literatur:

Edith Wallach, Margarete Lang: Das Häkeln, eine Anleitung zum Erlernen der Häkeltechnik, Berlin 1922
Bertha Schwetter: Lehrbuch der weiblichen Handarbeit, Band 1, Leipzig 1931
Time-Life: Die hohe Schule der Handarbeit, Band 1, Grundtechniken, Amsterdam 1974

Die Spitzen auf den Seiten 18 oben, 22, 24 unten, 25 oben, 45, 53, 59, 63 oben, 66 oben, 67, 70/71, 73, 74, 75, 76, 77, 78, 86 hat uns Frau Socher sen., Bernbeuren, zur Verfügung gestellt.
Die Spitzen auf den Seiten 48, 50, sind von Frau Rita Wagner, München.
Seite 19 unten von Frau A. Kölbl, Stockdorf

Siebte Auflage 1986
 ISBN 3-475-52372-8

Das Buch erscheint in der Reihe »Rosenheimer Raritäten« im Rosenheimer Verlagshaus Alfred Förg GmbH & Co. KG, Rosenheim.
Es wurde gedruckt von der Druckerei Georg Appl, Wemding, und gebunden bei R. Oldenbourg, München.
Den Schutzumschlag gestaltete Ulrich Eichberger, Innsbruck.
Alle Aufnahmen von Foto Rammel, Rosenheim.
Der Satz der Häkelmuster stammt von Ilse Schwaiger, München.

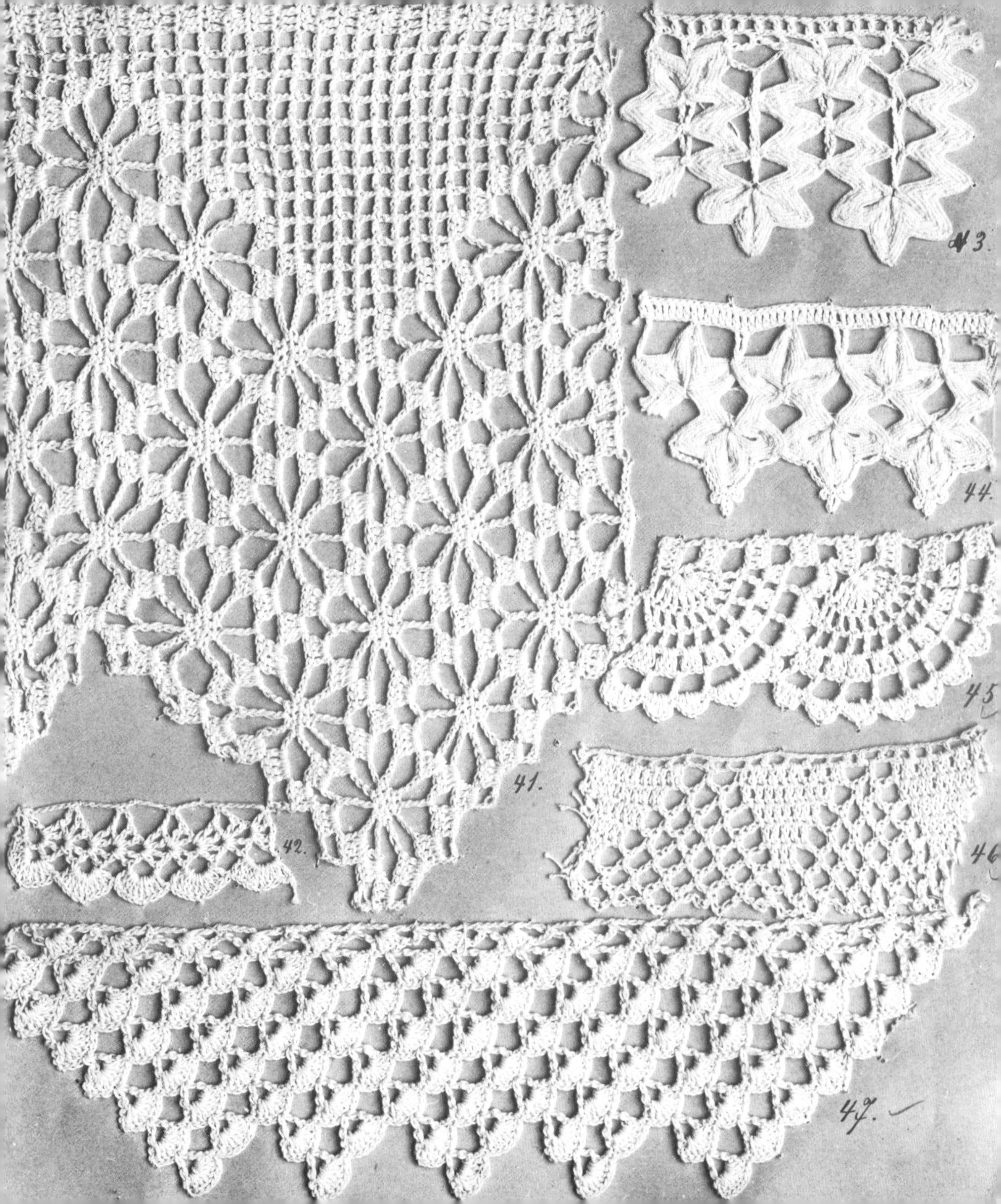
41.
42.
43.
44.
45
46
47.